中国西部考古
中国新疆地区考古探索

〔英〕马尔克·奥莱尔·斯坦因 著

汪晓雪 译

浙江人民美术出版社

图书在版编目（CIP）数据

中国西部考古 /（英）马尔克·奥莱尔·斯坦因著；汪晓雪译. -- 杭州：浙江人民美术出版社，2025. 5.
ISBN 978-7-5751-0558-3

Ⅰ．K872.45

中国国家版本馆 CIP 数据核字第 2025WW3807 号

中国西部考古

〔英〕马尔克·奥莱尔·斯坦因 著
汪晓雪 译

策划编辑 霍西胜
责任编辑 潘迩丹
责任校对 张金辉
责任印制 陈柏荣

出版发行 浙江人民美术出版社
（杭州市环城北路177号）
经　　销　全国各地新华书店
制　　版　浙江新华图文制作有限公司
印　　刷　浙江新华数码印务有限公司
版　　次　2025年5月第1版
印　　次　2025年5月第1次印刷
开　　本　889mm×1194mm　1/32
印　　张　4.75
字　　数　103千字
书　　号　ISBN 978-7-5751-0558-3
定　　价　48.00元

如发现印刷装订质量问题，影响阅读，
请与出版社营销部联系调换。

前 言

1900年至1916年间，马尔克·奥莱尔·斯坦因（Marc Aurel Stein）曾先后三次到访中国西部地区进行考古探险。1900年，他在英属印度政府的委任下，从克什米尔出发，开始第一次考古探险，为期约一年。

初次考古探险旅程结束后，斯坦因撰写了考古报告《Ancient Khotan : detailed report of archaeological explorations in Chinese Turkestan》，并于1907年出版。2009年，考古报告的中译本《古代和田：中国新疆考古发掘的详细报告》由山东人民出版社出版。而在撰写上述正式考古报告前，他先撰写了一份初步报告《Archaeological Exploration in Chinese Turkestan》，写于1901年10月，简单记叙了本次考古的探索性质和研究范围，本书《中国西部考古：中国新疆地区考古探索》内容即为初步报告的内容。

初步报告可以粗略分为五部分。第一部分阐述斯坦因萌生到新疆地区（尤其是和田）考古想法的缘由——他在欧洲看到了和田古物。此外，还提及除了考古任务以外，他还接受了勘探局赋予的地理探索任务，并为旅途做了资金、物资、语言等方面的准备。

第二部分详细描述了从克什米尔到喀什噶尔的旅途。斯坦因从克什米尔出发，在吉尔吉特稍作休整后，到达罕萨，随后经由塔克墩巴什帕米尔、萨雷阔勒、塔什库尔干等地，最终到达喀什噶尔。除了留意少量佛塔、浮雕等古迹以外，斯坦因也不忘沿途考证古地名，执行勘探局的任务，对塔克墩巴什帕米尔、慕士塔格峰等重要地形进行了测绘。在描述萨雷阔勒时，斯坦因大量援引了玄奘在《大唐西域记》中的记叙，佐证了萨雷阔勒就是玄奘所描述的竭盘陀国的观点。在翻译古地名时，涉及的翻译难点为地名的回译，原文记叙的 K'ie-p'an-to 为前人根据《大唐西域记》音译而成，现要将其回译为中文，倘若没有文献参考，加之不同语言以音译方式记录读音所造成的部分发音流失或扭曲，完全依赖读音是无法准确回译的。所幸该处为玄奘记叙中的古地点，因此翻阅《大唐西域记》，不难找到发音极其接近的古地名。斯坦因所走的路线与玄奘西行之路部分重合，因此记叙中需要查阅《大唐西域记》的地名不在少数。

  报告第三部分为此次旅途的重点，即和田地区的考古活动。在前往和田的路上，斯坦因的队伍沿路发现了一些小古址，获得钱币、被腐蚀的金属物体、陶器碎片等小古物。他结合实地考察情况，首次对于斯拉木·阿洪声称发现于沙漠中的古本提出了质疑。在和田地区，斯坦因主要发掘了约特干和丹丹乌里克两处重要遗址。约特干出土文物多为陶器、石头、金属材质，体积小或呈碎片状，没有较为完整的建筑遗迹。因为此处常年处于被河水冲刷的湿润土壤中，黏土和木料等建筑材料很容易腐蚀，只有坚硬的物体才能留存下来。约特干土层中还发现数量可观的黄金，据斯坦因推测，可能是古时佛像或佛寺建筑所镀金箔，建筑倒塌后与尘土混合，直到被河水冲刷出来才被再次发现。与约特干遗址相比，丹丹乌里克遗址留存了大量建筑的痕迹，建筑中有破损的佛像、宗教主题壁画、浮雕等，推测是宗教场所。丹丹乌里克遗址还出土了若干古本，上书婆罗米文和梵文，根据文字推测古本可能写于5世纪和6世纪。此外在僧侣住宅的遗址中还出土了汉字文献，有关于借贷和抵押的内容。

斯坦因在结束离开丹丹乌里克遗址的探索后，精减人员，整编了队伍，继而展开对尼雅和安迪尔遗址的考古勘探，此为初步报告的第四部分内容。在尼雅遗址的发掘工作中，考古团队成功揭取了一批具有重要文献学价值的佉卢文木质简牍，这些保存完好的文书不仅呈现了古代西北文书体系的封印技术，其文字内容更为遗址断代提供了关键性年代学依据。值得注意的是，文献印章风格呈现出明显的艺术融合特征，既包含远东地区的特征，又兼西方艺术的元素，这种文化共生现象为跨文明交流研究提供了实物佐证。通过对尼雅遗址生活区的发掘，斯坦因获取了涵盖家具构件、毛毡残片、皮质器具及工艺装饰品等多元物质文化遗存，为我们了解古时当地生活方式提供了重要参考。此外，斯坦因还在喀拉墩遗址和阿克斯皮尔遗址发现了一些汉朝钱币、印章等，在热瓦克佛塔遗址发掘出了大量浮雕。

报告的最后一部分为旅途的尾声，包括对于斯拉木·阿洪所售卖的古物进行调查，证实了大量"不明文字"写就的古本为伪造的文物，以及回程的安排和藏品在伦敦的安排。

全书附有出土的文物照片16张，旅途中遗址和地形照片13张，从而便于读者更直观地了解这一路上的发现。与正式的考古报告《古代和田：中国新疆考古发掘的详细报告》相比，正式报告包含大量对于历史记载的考证和分析，包括对唐代各地区之间的历史关系、道路条件，和历史文献中记载的城市情况的描述等，对于学术研究有重要意义；而本初步报告则以一定篇幅描写了如何进行旅途准备，如何在中途休整准备物资和人力，如何选择路线，在旅途中接受了哪些帮助，以及如何进行地址勘探等，更偏向于一份以时间顺序记叙的"游记"，让读者能够跟随作者的视角，以参与者的身份了解旅途上的所见所闻，为了解本次考古探险提供不同的视角。

译者

2025 年 3 月

目 录

引　言 / 001

计划始成 / 003

正式安排 / 006

勘探局的援助 / 008

旅途准备 / 010

从克什米尔出发 / 011

从吉尔吉特至罕萨 / 012

勘测塔克敦巴什帕米尔 / 016

萨雷阔勒古地形 / 019

塔什库尔干遗址 / 021

勘测慕士塔格峰 / 023

在喀什噶尔做准备 / 025

喀什噶尔古遗迹 / 027

哈努伊遗址 / 029

和田之旅 / 032

和田沿路古遗址 / 033

和田边境古址 / 035

到达和田 / 036

勘测昆仑山脉 / 037

探索玉龙喀什河上游 / 039

玉龙喀什河峡谷 / 041

勘测通往喀拉喀什河路上的山脉 / 042
和田山脉三角测量 / 043
佛教圣地牛角山 / 045
和田绿洲古址 / 048
约特干古遗址 / 050
最初发现约特干遗址 / 051
确认佛教圣地 / 054
前往丹丹乌里克 / 055
发掘丹丹乌里克 / 057
壁画和木板画 / 060
发掘出的古本 / 061
丹丹乌里克遗迹的建造和保存 / 063
发现汉语文献 / 064
丹丹乌里克遗址年代 / 066
向克里雅行进 / 068
在尼雅的发现 / 070
尼雅河遗址 / 072
最初挖掘出的铭文木牍 / 073
遗址侵蚀 / 075
废弃住宅遗迹中的古家具等 / 076
古果园 / 078
古垃圾堆中的发现 / 079
皮革上的佉卢文 / 080
佉卢文木牍的设计 / 081
楔形木牍的装订 / 082
长方形木牍的"信封"；装订方法 / 083

解读佉卢文献 / 084
佉卢文献的历史意义 / 085
旁遮普移民的传说 / 086
佉卢文献年代推断 / 087
钱币和其他发现 / 089
木牍上的古典印章 / 090
安迪尔古城遗址 / 092
安迪尔遗址发现的古本 / 095
藏文古本 / 096
向克里雅和喀拉墩前进 / 098
喀拉墩遗址 / 099
确定媲摩城遗址 / 100
种植区的变化 / 101
阿克斯皮尔古遗址 / 102
热瓦克佛塔遗址 / 104
热瓦克佛塔院子中的雕像 / 106
挖掘巨大浮雕 / 107
热瓦克雕塑的风格和年代 / 109
调查可疑古本和"不明文字"印刷品 / 111
审问及伪造者的供认 / 113
斯拉木·阿洪制造"古书" / 115
易辨认的伪造抄本和印刷木版 / 117
回到喀什噶尔 / 118
穿越俄属土耳其斯坦之旅 / 119
藏品在伦敦的初步安排 / 120

引　言

　　1900 年 6 月，我在中国新疆南部，尤其是和田（Khotan）地区完成考古探索的特别任务。本次考古探索中，我有幸在古文物和碑铭研究方面有一些发现，若将这些探索发现整理成一份详细的报告，需耗费大量的时间和精力。在印度也不知何时才有闲暇完成报告，因此我想最好是抽出去年 7 月自新疆返程后短期委派到英国的部分时间，撰写眼下这份《初步报告》。我须得保持《初步报告》的简洁，但希望这份报告仍足以大致阐明本次探索的性质和研究范围，及其在历史学和地形学方面的重要意义。其中包含的信息，可能对与我合作阐释本次探索之旅中的古文物研究成果（尤其是碑铭发现）的学者派上用场。在旅途中，我搜集了一些物品带回，还拍摄了近千张系列照片，我在《初步报告》中附了少量插图，仅用于展示物品的主要门类和物资丰富性。地图和遗址详图还需要更多时间来绘制，因而只能留在完整报告中发表。

计划始成

1897年春天,我短期到访欧洲,因为与比勒教授(Professor Bühler)有私交,我见到了杜特雷依·德·兰斯(M.Dutreuil De Rhins)在和田附近发现的重要文物——写着佉卢文(Kharoshthi)[1]的古桦树皮书页,书页以这位著名却惨遭不幸的旅者[2]的名字命名为"杜特雷依·德·兰斯古本(Dutreuil de Rhins Manuscript)"。自此,我的脑海中浮现出去和田地区进行考古工作的想法。这些举世瞩目的古本碎片上用早期普拉克里特文(Prakrit)[3]写着佛教内容文本,一经发表,就被认为是最古老的印度古本,之后便广为人知。仅这一项发现,就足以把考古界的注意力全都引向和田。几乎同时,杜特雷依古本被收藏于巴黎和圣彼得堡的博物馆,加尔各答也发现了越来越多和杜特雷依古本来自同一地区的奇特碑铭。

1889年,新疆北部的库车(Kuchār)出土了古桦树皮古本"鲍尔古本(Bower Manuscript)"和其他梵文古本,此后加尔各答伊斯兰学校(Calcutta Madrasah)前校长霍恩雷博士(Dr.A.F.R.

---

[1] 佉卢文,又名犍陀罗文,是一种古代文字,通用于印度西北部、巴基斯坦、阿富汗一带,最早发现的佉卢文可追溯至公元前251年。——译者注
[2] 杜特雷依·德·兰斯,1846—1894,法国地理学家、探险家,1894年入藏时被杀。——译者注
[3] 普拉克里特诸语言,或称为古印度土语,是对10世纪之前印度使用的一系列印度—雅利安语支语言中的土语的统称,包括巴利语、摩揭陀俗语、马哈拉施特拉俗语、索拉塞那语、阿波布兰沙语等。——译者注

HOERNLE, C.I.E.[4]）便不断努力去解读在中亚出现的关于早期印度文化的重要典籍。在他的建议之下，英属印度政府外交部颁布了指令，向克什米尔（Kashmir）当地居民、印度驻喀什噶尔（Kashgar）官员和印度驻拉达克（Ladak）官员收购此类在新疆发现的古物。有了当地官员们，尤其是印度政府驻喀什噶尔外交官马继业（Mr.G.MACARTNEY, C.I.E.）的努力，霍恩雷博士逐渐在加尔各答收集起一套"不列颠中亚古物藏品"，其中最引人瞩目的是在1895年至1897年间，当地"寻宝人"在和田附近遗址和塔克拉玛干沙漠（Taklamakān desert）邻近地区寻得的古本和其他文物。这些古本有一点引起了人们的好奇——除了印度婆罗米文（Indian Brāhmī）[5]和汉字记载以外，还有很大一部分古本和"木版印刷品"上写着各种完全不为人知的文字。如此一来，虽然收集到了史料，可却没有任何可靠信息明确古本的准确来源和发现古本的遗址特征。

从考古角度看，新疆地区至今仍未经探索，如果不能依靠现场精细考证解决因古本而引发的许多古文物研究问题，那么可想而知，和田古物的相关研究会受到多大阻碍，这些古物的历史价值会遭受多大损失。此外，也有现实原因表明在此地进行考古探索的紧迫性。根据我在印度的经验判断，当地"寻宝人"在古遗址的所作所为，必定伴随着对遗址价值的破坏。因此，因欧洲官员的收购而附加在"古物"上的商业价值，也给至今可能尚存的

---

[4] Companions of the Order of the Indian Empire 缩写，印度帝国三等勋章。——译者注
[5] 婆罗米文是除了尚未破解的印度河文字以外，印度最古老的字母。——译者注

历史文化遗迹带来了额外的风险。

1897年夏天,我与比勒教授和其他欧洲学者商量制定了和田地区考古探索计划,但当时我必须先完成克什米尔梵文编年史的出版工作,未能立刻将探索计划付诸行动。1898年5月,我到达克什米尔,抓住机会向时任克什米尔常驻大臣戈德弗雷上尉(Captain S.H.Godfrey, I.S.C.[6])咨询了项目中需要考虑的许多实际问题,例如路线选择、运输安排和花费等。他在任英国驻拉达克联合大臣时,就曾积极协助收购和田地区古物的工作。次月,我写信给霍恩雷博士,请他协助我获取印度政府的项目许可,他当时在西姆拉(Simla)撰写先前所获中亚古物的研究报告。霍恩雷博士欣然同意帮助我推进提案。1898年8月,我正式提出申请,申请通过了旁遮普政府的批准,获得优先考虑,很大一部分原因是霍恩雷博士对项目展现出极大兴趣,他的推荐举足轻重。由于我在旁遮普大学的职务的紧迫性,所以只得把最初旅程计划限定在6个月内,于1899年夏天进行。这次旅程预计花费约为6800卢比,最高政府和旁遮普政府愿意共同出资,分别承担总金额的三分之二和三分之一。

---

[6] Imperial Survey Corps 缩写,皇家勘测军团。——译者注

正式安排

　　1899年春,我被委派至印度教育服务处,任加尔各答伊斯兰学校校长,这迫使旅程延期,旅程的正式安排也只得再做考虑。不过约翰·伍德伯恩爵士(SIR JOHN WOODBURN, K.C.S.I[7])管辖之下的孟加拉政府同麦克沃思·杨爵士(SIR MACKWORTH YOUNG, K.C.S.I)管辖之下的旁遮普政府一样慷慨,愿为印度考古事业资助我计划中的探索之旅。另一方面,我的委任情况有变,使这次旅途时间更宽裕,考察范围也可以扩大。1899年7月14日,印度政府税务部和农业部,终于在一封信中批准了修改后的考古计划。有了印度政府的批准,孟加拉政府也同意委派我去中国新疆执行特别任务,自1900年暑假末起,为期一年。为了支付探索之旅预计所需开销(9000卢比)和我在加尔各答职务任命安排的花费(2000卢比),最高政府将拨款增加至6500卢比,剩余超出旁遮普政府拨款范围的部分将由孟加拉政府拨款。

　　多亏了最高政府、旁遮普当地政府和孟加拉当地政府慷慨给予的关心和物资帮助,我才能够实施先前计划的考古事业。因此,我认为应当在此记录我对各位的深切谢意。感谢尊敬的寇仁勋爵议会的成员查尔斯·里瓦兹爵士(SIR CHARLES RIVAZ,

---

[7] Knight Commander of the Order of the Star of India 缩写,印度之星爵级司令勋章。——译者注

K.C.S.I）支持我的最终提议；感谢尊敬的麦克沃思·杨爵士和约翰·伍德伯恩爵士出于个人兴趣支持我的提议，并由地方政府出资，承担部分开销。我还必须向印度政府财政部前秘书霍尔德内斯先生（T.W.HOLDERNESS, C.S.I.[8]）、尊敬的孟加拉政府秘书斯莱克先生（F.F.SLACKE, C.S.[9]）和我的朋友——旁遮普政府初级秘书梅纳德先生（H.S.MAYNARD, C.S.）表达我诚挚的谢意，有了他们的宝贵建议和时刻为我准备的物资，旅程的计划才得以落实。

1899年到1900年间，气候寒冷，我把大部分时间和精力用于旅途准备。印度政府外交部已为我做好了重要的第一步——向总理衙门[10]申请护照，准许我以考古探索为目的在中国新疆地区旅行。此外，印度勘探局也提供了宝贵的援助。

---

[8] Companion Order of the Star of India 缩写，印度之星三等励章。——译者注
[9] Insian Civil Service 缩写，印度行政参事会。——译者注
[10] 清政府下设总理各国事务衙门，简称"总理衙门"。——译者注

勘探局的援助

此次旅行，我必须确定目的地古遗址的准确位置，收集更完整的史料进行历史地形研究，因此勘探局的勘探活动与我现下的任务紧密相关。但首先，我迫切地希望利用此次旅途中一切可利用的机会，进行总体地理探索。印度勘探局的勘探总长圣乔治·戈尔上校（Colonel St. George Gore, R.E.[11]）十分乐意助我达成这个目标。他派了一名副勘探员给我随队，提供了必需的勘探工具，还提供了一笔特别资金，可由我支配，支付雇用副勘探员所产生的额外开销，以及因此导致的探索计划扩展所需要的资金。被选中的副勘探员巴布·拉姆·辛格（Babu Ram Singh）曾在后期加入迪西上尉（Captain Deasy[12]）之前在新疆地区开展的探索活动，因而尤其适合我们的项目，定能发挥作用。

印度勘探局的慷慨解囊，让我在整个旅途中能够使用平板仪和经纬仪做出准确的测量。我们带回的平板仪测量数据、三角测量记录、摄影测量视图和天文观测结果正用于绘制地图，地图绘制的工作正在台拉登（Dehra Dun）的三角测量办公室进行。在地图绘制工作完成前，我还无法完整描述测量结果，但我希望本报告中收录的地形测量结果足够说明我已尽力将赠予我的特殊仪

---

[11] Royal Engineers 缩写，英国皇家工程师。——译者注
[12] 亨利·休·彼得·迪西，爱尔兰军官，曾到访中国西藏和中国新疆。——译者注

器发挥了最大作用。因此,请允许我在此对戈尔上校和他领导下的勘探局表示诚挚感谢。

旅途准备

我在个人的旅途准备中，学习了新疆地区使用的语言——维吾尔语。1899 年至 1900 年那个寒冷的冬天，我在白沙瓦（Peshawar）认识了一位来自浩罕（Kōkandī）的随从，他后来跟我一起去了喀什噶尔。在他的帮助之下，我学到了关于这门语言相当实用的知识。1900 年 4 月中旬，我离开加尔各答，来到克什米尔，在克什米尔准备了露营所需的全套装备，并做好了运输安排。我们即将踏上艰难的旅途，此后将与"供应基地"之间相隔甚远，因此需要谨慎对待准备工作的每个细节。关于准备工作，喀什噶尔的马继业给我提了宝贵的建议，我自己前些年在克什米尔和周边山脉的旅行经验也派上了用场。

印度政府批准我途经吉尔吉特（Gilgit）和罕萨（Hunza），前往目的地喀什噶尔。到了 5 月底，克什米尔和吉尔吉特之间山峰上的积雪已经充分融化，道路可供载货的牲畜通行。届时，副勘探员的小队也已经和我的队伍汇合，所有必需的物资和设备都在斯利那加（Srinagar）采购和打包完毕。设备包含两台相机，配有 1000 多个摄影玻璃板；一套用于经纬测量和平板测绘作业的完整工具；印度气象局的埃利奥特先生（Mr.J.Eliot）借给我的一台布里奇斯-李摄影经纬仪，用于摄影测量；一套用于气候、海拔和人体测量观察的工具；两个特制铁皮镀锌水箱，在沙漠中使用；几把由印度政府军事部配给的卡宾枪和左轮手枪，很幸运这次旅途中并没有用上枪。

从克什米尔出发

5月29日晚，我离开斯利那加，乘船前往武勒尔湖（Volur Lake）边的班迪波拉县（Bandipur）。31日早晨，我的旅行队伍——共16只驮着行李的牲畜，从这个小港口向吉尔吉特出发。克什米尔军需长副官布雷瑟顿上尉（Captain BREATHERTON, D.S.O[13]）已经在"吉尔吉特运输线路"沿途为我们的运输补给做了充分安排。尽管积雪仍然很厚，天气也还十分严寒，我们还是安全通过了特拉格巴尔山口（*Tragbal* Pass，海拔3596米）和布尔兹尔山口（*Burzil* Pass，海拔4053米）。我们继续向前行进，穿过达尔德人居住的古列兹山谷（Gurēz）和阿斯多尔山谷（Astōr），在布吉（Bunji）跨越印度河（Indus），6月11日，到达了位于吉尔吉特的营地。先前的旅途暴露出我的旅队在装备上有各种小缺陷，多亏了途中有幸结识的驻吉尔吉特政治代表曼纳斯·史密斯上尉（Captain J.MANNERS-SMITH, V.C., C.I.E.[14]）和几位掌管吉尔吉特军需部和其他部门的军官，我才能在旅途中最后一处偏远的村庄，一个英裔印度村落短暂停留，在此重新做了运输安排。

---

[13] Distinguished Service Order 缩写，杰出服务勋章。——译者注
[14] V.C., the Victoria Cross 缩写，维多利亚十字勋章。C.I.E., 印度帝国三等勋章。——译者注

从吉尔吉特至罕萨

曼纳斯·史密斯上尉利用驻扎在此的特别机会，研究居住在克什米尔山脉和兴都库什山脉之间的民族，我从他那里听说了许多重要的当地习俗和传说。有了这位长官提供的线索指引，我才得以查看吉尔吉特附近留存下来的若干早期印度文明雕塑遗迹，例如离吉尔吉特堡约 8 公里处，一个雕刻在险峻岩壁上的巨大佛像浮雕。从他口中，我第一次听说了"*Paloyo*"这个词，这是达尔德人（Dard）对斯卡都人（Skardo）和伯尔蒂斯坦人（Baltistān）的称呼。在中国史书和古代中国旅行者的记叙中，称这片领土为"勃律（*Po-liu*）"，我认为"*Paloyo*"这个词与"勃律"有关。

6 月 15 日，我从吉尔吉特出发，回忆起这段时间遇到的几位英国军官的善意帮助和热情款待，心怀感激。自 1891 年那场精彩的小战役后[15]，军事工作部修建的马道打开了坎巨提（Kanjūt）或罕萨的大门。有了马道，我们克服了沿罕萨河至峡谷中央这一路上的天险。环绕拉卡波希峰（Mount Rakipōshi）的巨大扶壁前进，穿过与喜马拉雅山同样壮观的山峰，我们在第三天进入了罕萨和那噶尔（Nagir）的领地。在尼尔斯（Nilth）丘堡附近，我见到了从拉卡波希峰的一座冰山递降形成的深邃峡谷，此处因奈特先生（Mr.Knight）笔下生动描绘的战役而知名，

---

[15] 1891 年的罕萨 – 讷格尔战役。——译者注

曼纳斯·史密斯上尉和跟从他的少数多格拉人（Dogrās）就在此地英勇击败了坎巨提山民。

沿山谷主道向上一小段距离，在河的左岸上方，有一片不大但是耕作成熟的高原，高原之上的索尔村（Thol）附近矗立着一座保存良好的佛塔，这毫无疑问是一处古迹（见照片 1）。佛塔的底座大小约 0.9 平方米，高度将近 6 米，是实心砌体。为了把最近修建的一条道路缩短数米，避免绕道，佛塔底座角落的石基出现了唯一一处破损。这座佛塔是我在罕萨听说的唯一一座前穆罕默德时代的遗迹。这个与世隔绝的山谷至今鲜少受外界影响，为数不多的人口中，无论语言还是人种起源都完全与外界隔离，仍有许多地方值得人种学和历史学学生仔细研究。

6 月 17 日深夜，在一阵急行军后，我到达了罕萨都城附近的阿里阿巴德（Aliābād），接下来两天忙于重新安排后续行程中运输物品的苦力，无暇顾及其他。罕萨河和塔克敦巴什帕米尔（Tāghdumbāsh Pāmīr）之间的分水岭上有条难走的山间小道，夏季时分可以通行，但负重的牲畜无法通过，因此后续路程中只能依靠人力运输行李。罕萨现任米尔[16]是穆罕默德·纳奇姆（Muhammad Nāzim），他的参谋长——吉尔吉特政治代表瓦齐尔·胡马雍（Wazīr Hūmāyū）提前给我们发了注意事项，依照注意事项，我们为前路可能遇到的困难做了充足准备。我临时雇用了 50 位山民，为我们把行李运往中国边境，并且在旅途中间安排了替换的脚力，好让他们歇息。我还通过瓦齐尔雇用了两位

---

[16] 罕萨米尔，即罕萨的统治者。

"罕萨兵",他们曾去过塔克敦巴什帕米尔,事实证明请他们做向导起了极大的作用。很难想象这位给欧洲旅行者提供诸多便利的山地小领袖,在十年前还领导着劫掠和抢夺奴隶的团伙,是周遭的噩梦。

6月20日,我把营地驻扎在巴勒提特(Baltit),然后折返,回到罕萨米尔风格古雅的城堡拜访他。我注意到,在清真寺和其他建筑的木制雕刻品中,装饰元素有明显的古印度风格,而米尔城堡中的许多家具明显受到中亚和中国的影响。接下去几日,我们都在努力尝试攀爬罕萨河峡谷。冬季时道路间或穿过罕萨河床,现在由于融雪,河流水位上涨,这条道路已经完全行不通。现有的小道跨越险峻的山嘴和河流左岸递降的冰川,还时常穿过狭窄的岩架和崎岖的梯子形状通道,这表示前方还有一连串高山要翻越,路途艰难。寇仁勋爵的帕米尔回忆录[17]里完整精确地描述了这条路线,让我想起了法显(Fa-hien)和其他古代中国旅行者留下的关于穿越印度河峡谷之旅的叙述。第二阶段从古尔米特(Ghulmit)开始,山谷中小块耕地旁居住的稀少人口可追溯到伊朗,他们说瓦罕语,跟罕萨人完全不同。他们的方言与居住在萨雷阔勒(Sarīkol)的瓦罕移民(Wakhān immigrants)十分接近,肖先生(Mr. Shaw)已经采集过瓦罕移民的语言样本。由此可见,在兴都库什的这一区域,语言分区和地理分区契合度低于西部。

---

[17] 见《帕米尔和阿姆河源头》(*The Pamirs and The Source of the Oxus*),载《地理杂志》(The Geographical Journal), 1896,第8页。

015　从吉尔吉特至罕萨

照片 1　罕萨河谷索尔村的佛塔遗址

照片 2　阿姆河源头的冰川（摄影经纬仪拍摄）

勘测塔克敦巴什帕米尔

在连续 6 天的行进攀爬之后，我们抵达了罕萨最北边的村庄米斯加尔（*Misgar*）。6 月 28 日，我们终于穿过克里克山口（*Kilik* Pass，海拔约 4815 米），踏上了塔克敦巴什帕米尔上的中国领土。在马继业的安排下，中国政府派来萨雷阔勒牧人在山口最南端和我会面，他们带来的牦牛可以帮忙运输物品，在短途勘测中也很实用。我们在塔克敦巴什的第一个营地驻扎在海拔 4267 米以上的克克吐鲁克（Kök-török），我们从此处着手进行平板测绘，比例为实地 12.8 千米对应地图 2.5 厘米[18]。在山地旅途中，但凡是地面结构和大气条件允许，且时间也充足的情况下，我都会用布里奇斯-李摄影经纬仪进行摄影制图工作，做为对平板测绘的补充。进行平板测绘的同时，我们借助帕米尔边界委员会和迪西上尉采用过的测绘点，开始用经纬仪做系统的三角测量，同时在所有营地规律地开展天文观测确定纬度，准确的观测结果对地质研究也有帮助。

从始至终，副勘探员拉姆·辛格一直在我的带领下做平板测绘。与平板测绘相关的当地地名命名法引起了我的兴趣，尤其是帕米尔高原上的地名，混合了当地维吾尔民族元素和更古老的伊朗民族元素。因此，萨雷阔勒的许多地名都有两种称呼，之前的

---

[18] 原文为实际 8 英里对应地图 1 英寸，经过换算有一定误差。——译者注

旅行者记录的地名也有差异。我们在记录该区域地名和后续路线中的地名时，都十分仔细，确保地名可靠，发音描述准确。鉴于早期材料的不完善，著名东方学学者范伯利教授（A.Vámbéry）曾提醒我注意，希望新测绘的地名记录能为文献学者和地理学者提供有价值的信息。

勘测途中的第一个"山间驿站"位于库什贝尔峰（*Khushbēl Peak*，海拔约5120米），从这个高度，我可以看见连绵不断的山峰划分了印度河流域、阿姆河流域和叶尔羌河流域，并且在政治上划分了英属印度、俄罗斯、中国和阿富汗的领土。克克吐鲁克西南面约19公里处，瓦赫吉尔山口（*Wakhjir* Pass）的阿姆河源头连接了塔克敦巴什帕米尔和萨雷阔勒山谷。古时候此处一定有一条重要航道，连接中国新疆地区和阿姆河流域上的伊朗领土。我必须在此地短暂停留做地质勘测，因此在瓦赫吉尔山口的最高点（约4937千米）附近扎了一顶小营帐。第二天，7月2日，我来到喷赤河（*Āb-i-Panja*）河谷的源头，附近的大冰川是寇仁勋爵所证实的阿姆河真实源头（见照片2）。我站在荒山之中，得知自己已抵达遥远疆域的东部入口，感觉非常奇妙。这片遥远疆域包括巴克特里亚（Bactria，大夏）[19]和阿姆河河谷上游，早在我踏足印度前就吸引着我去探索。尽管瓦赫吉尔山口海拔极高，但东西两侧通道相对容易通行。对比玄奘在《大唐西

---

[19] 巴克特里亚是一个中亚古地名，主要指阿姆河以南，兴都库什以北地区。古希腊人在此地建立希腊-巴克特里亚王国，中国史记称之为大夏，后来此地更名为吐火罗。——译者注

域记》[20]中记载的地理信息，我得出结论，这位伟大的中国旅者在公元649年从巴达赫尚（Badakhshān）去往和田的路上，经由"波谜罗川（帕米尔）"到达萨雷阔勒，途中经过了这个山口。

我在中国最西部边境线探索的那天，收到了来自吉尔吉特的电报，告知我遥远的东方都城发生了翻天覆地的大事[21]。我并没有因为这些政治问题而被迫改变当前或后续的旅途计划。

---

[20] 见 *Si-Yu-Ki, Buddhist Records of the Western World*，英文版《大唐西域记》，毕尔译，卷二，第297页。（后文仅简写为 *Si-Yu-Ki*）
[21] 1900年5月28日，八国联军侵华战争爆发。——译者注

萨雷阔勒古地形

沿着逐渐宽阔的塔克敦巴什帕米尔山谷又走了五天，我来到塔什库尔干（Tāshkurghān）。塔什库尔干是萨雷阔勒地带的重要城镇，一定会有大量古物。精力充沛的政治孟什[22]谢尔·穆罕默德（M.Shēr Muhammad）作为马继业的助手，驻扎在此地。在他的帮助下，我为接下来的旅程准备了新的脚力，补给了物资，还收集了我感兴趣的历史和古文物信息。亨利·尤尔爵士（Sir Henry Yule）首次向西方世界提出，萨雷阔勒就是玄奘描述的朅盘陀国（K'ie-p'an-to）。塔什库尔干所在位置和遗迹与玄奘和更早的旅行者宋云（Sung-yun）（约公元 500 年）对朅盘陀古都城的描述十分接近，证实了尤尔爵士的说法。城镇遗迹环绕着现代塔什库尔干的中国堡垒（见照片 3）延伸，我们仍可以看见四方形的巨大破败石墙，东边"基大石岭，背徙多河"（即东边的叶尔羌河），与古代旅行者的描述完全一致。我在该址做了精确测量，并且勘测了镇子北墙外高地上的古佛塔遗迹，这可能是当地传说中的阿育王佛塔遗迹。

有一个比玄奘提到的任何佛教建筑都要长久的当地传说。在玄奘记载的故事中，汉朝将一位公主送往波斯，与波斯王和亲，

---

[22] 孟什：munshi，尤指英属印度掌握语言能力的人士，例如老师、秘书、翻译等。——译者注

途中在此地因战事被耽搁，为保安全，公主被"置于孤峰"[23]，在当地这座孤峰仍然存在，叫克孜库尔干（*Kizkurghān*，"女儿塔"），位于塔什库尔干向上 64 千米处。离固加拜瞭望台（有些地图上叫"乌加拜"）不远处，塔什库尔干河的左岸，有一崎岖石丘，上有巨大石墙遗迹。在萨雷阔勒和柯尔克孜传说中，一位波斯公主被她的父亲——波斯史诗中的英雄诺什尔万王（*Naushīrwān*）囚禁在此地。萨雷阔勒附近其他地方也流传着关于古伊朗的传说。在玄奘听到的故事中，公主生下神迹之子，他成为此地的第一个王，死后安葬在塔什库尔干东南方的山脊，此处山脊也因此被称为阿夫拉西亚伯（*Afrāsiāb*）。说萨雷阔勒语（一种十分接近瓦罕语的方言）的居民旧称塔什库尔干与周边地区为瓦沙得（*Varshadeh*），这个称呼显然源自古伊朗。

---

[23] 见 *Si-Yu-Ki*，毕尔译，卷二，第 300 页。

塔什库尔干遗址

我相信塔什库尔干作为一个历史遗迹,所蕴藏的古物多于宋云和玄奘的记载。自然条件决定了塔什库尔干在萨雷阔勒山谷地区不只是一个行政中心,也是古时连接中亚、远东和西方世界重要道路上最方便的贸易交换地。我们在当地观察的所有结果都支持亨利·罗林森爵士(Sir Henry Rawlinson)的观点。罗林森爵士最初提出,塔什库尔干保留了托勒密(Ptolemy)和更早的地理学家马利纳斯(Marinus of Tyre)记载中的位置和地名"石头城"(希腊语 λίθινος πύργος),是位于赛里斯(即中国中部领土)最西部边境的商业中心。从塔什库尔干出发,通往喀什噶尔与通往和田的道路同样畅通,从新疆进入中国腹地的两条大路也经过此地。两条跨越帕米尔的最佳交通线在此交汇。塔克敦巴什河谷直接通往阿姆河上游,与穿过那匝塔什山口(Naiza-Tāsh Pass)通往"大帕米尔"的道路相汇,自此通向锡克南(Shighnān)。

照片 3　塔什库尔干废弃古镇中的中国堡垒

照片 4　从小喀拉库勒湖看慕士塔格峰

勘测慕士塔格峰

为了勘测奇特的地形,我选择穿过俄罗斯帕米尔和慕士塔格峰(Muztāgh-Ata)横向大山脉西坡之间的大峡谷,去往喀什噶尔。7月10日,我从塔什库尔干出发,沿最北面的萨雷阔勒河谷来到小喀拉库勒湖(Little Karakul)。在离开零散的萨雷阔勒高山聚居区前,我对居住于此的伊朗山民做了大量人体测量学观察。在小喀拉库勒湖附近放牧的柯尔克孜游牧民族为我提供了充足的牦牛,大大便利了运输安排,因此我们才能在相对较短的时间里,在慕士塔格峰高耸的山嘴上建成诸多观测站。有了这些观测站,从塔克敦巴什开始进行的三角测量延伸到了北部和东北部的巨大山脉中,山脉顶部被冰川覆盖,俯瞰着小喀拉库勒湖和下游的河谷。在这些山脉中,独峰的高度可达7315米,几乎可与慕士塔格峰媲美。在测量壮观的山景细节时,摄影测量就显得尤为重要。在"冰川之父"中心巨大的斜坡上(见照片4),我出于同样的原因进行了两次攀登,到达的最高点是羊布拉克冰川(Yambulak Glacier)北侧面的山脊,海拔为6096米,沸点测高表显示177.8华氏度,此时温度为33华氏度。似乎从1894年斯文·赫定博士(Dr. Sven Hedin)到访时开始,山峰上的积雪就一直堆积,从海拔大约4724米处往上,大量积雪笼罩山脊,再加上恶劣的天气,严重阻碍了攀登。柯尔克孜牧民和牦牛很快就被落在了后面,我的两位罕萨向导是出色的登山者,如果没有他们，我早在远低于此处的位置就放弃努力了。令人好奇的是，在柯尔克孜传说中，年高德劭的圣人居住在神秘的大冰川上，其高度无法企及；而在玄奘听说的"古老故事"中，一位大罗汉在"山气巃嵸"的大山中入定，这座山峰在乌沙（U-sha）西面，显然和慕士塔格峰的位置一致，柯尔克孜传说保留了玄奘听说的"古老故事"的明显特征[24]。

7月23日，我从天气恶劣的慕士塔格峰附近出发，通过盖孜峡道（Gez defile）下山来到喀什平原。狭窄难行的峡谷中，有一座桥已经坍塌，迫使我们绕了一大圈路，翻越了科克塞尔大冰川（Koksēl Glacier）。夏季，由冰川补给的雅曼雅河（Yamanyār River）暴发洪水，盖孜峡道的下半段被淹没，无法通行，我们不得不选择小道，翻越一连串陡峭的横向山嘴"托库兹达坂（Tokuz-Dawān，'九山口'）"。这条道路对人和牲畜来说都非常难走，但也给了我们一个绘制慕士塔格峰北面大雪山东坡地图的好机会，此前我们对这里知之甚少。把沉重的行李和副勘探队的营帐运走后，下一步就比较轻松了。7月28日，我从塔什米里克（Tāshmalik）进入了新疆大盆地上的开阔地面。第二天，骑马前进80公里，安全抵达喀什噶尔，受到了马继业的盛情款待。

---

[24] 见 *Si-Yu-Ki*，卷二，第350页。

在喀什噶尔做准备

由于多重重要因素的共同影响，我在新疆首府逗留的时日延长。经过整整两个月几乎连续不断的山地旅行后，大家都筋疲力尽，需要休息，然后才能继续向和田出发，完成我此次探索的目标。经验丰富的马继业爵士向我提出了宝贵建议，并提供了实际帮助，因此我决定在喀什噶尔重整队伍，为接下来的和田沙漠之旅配备新的人员和交通用具。我意识到，能否在短短一季的时间里走遍我想去的广阔土地，很大程度上取决于队伍中人员和牲畜的安排。我必须精简行李，确保能够快速前进，也要保证在长达近乎 8 个月的旅途中，在各种截然不同的气候状况下，我们所需要的储备和装备都在触手可及之处。我的旅行队里包含坐骑，共需要 8 头骆驼和 12 头矮马。尽管挑选时遇到了很多麻烦，但旅行结果证明我们的精力没有白费。虽然后续旅途总长达 4828 多公里，令人筋疲力竭，但我从喀什噶尔带来的牲畜没有一头掉链子。随行人员精简到最少，队伍里有 2 名照顾骆驼的人员，2 名照顾矮马的人员，其中一名也是汉语翻译，一名厨师，一名我的随从，还有为副勘探员准备的一名拉杰普特[25]厨师。除了从印度陪我一路至此的忠诚随从贾思旺·辛格（Jasvant Singh）以外，其他队员都是从喀什噶尔和莎车雇用而来。

---

[25] 印度的一个民族。——译者注

我在喀什噶尔逗留的一个重要目的是让当地政府了解考古计划的目的和特征，让他们不要对此抱有敌意，这将会是我实施计划不可或缺的因素。马继业代表我在这方面做了很大努力，由于他在中国新疆要员中影响力很大，并且受人尊敬，因此他的努力大获成功。和道台（省长）经过一系列会面和漫长的通信后，道台终于同意向和田驻札大臣（Amban）或地方法官颁发文书，确保我能在交通、供给、人力方面得到帮助，也确保我在和田可以自由行动和研究。道台履行了他的承诺，我在马继业的担保下，向当地官员解释了古印度文化与佛教和中亚地区的联系，有效消除了本来因挖掘计划而引起的疑虑。在这一点上，我援引了玄奘的旅行记叙《大唐西域记》，起到了莫大的帮助。中国所有受过教育的官员都读过或者听说过玄奘游历"西域"佛教国家的传奇故事。在与官员的交流中，提起"唐朝高僧"（唐僧）的记叙总是会引起他们的兴趣。而我正在新疆努力追寻玄奘的脚步，正如我在印度许多地方所做的一样。

在喀什噶尔逗留的这一个月里，我不仅在马继业的住所支尼巴格[26]受到盛情款待，还在他的帮助下缓和了与中国地方政府的关系，他长期驻扎中国并与中国人接触，有丰富的经验和敏锐的观察力，为我提供了大量信息，对我研究经济和社会状况及其与历史之间的关系起了很大作用。大家在繁忙地做准备工作，包括修理和增添露营装备，冲洗之前旅程中拍摄的照片等，我抓住这个时机继续学习维吾尔语，并且对喀什噶尔和喀什噶尔附近的古遗迹做了详细勘测。

---

[26] 音译，原文 Chīnī Bāgh，意为"中国花园"。——译者注

喀什噶尔古遗迹

在玄奘的描述中，古怯沙国（*Kie-sha*）有数百座佛寺，中国人称其古都城为疏勒（Su-li），喀什噶尔显然就坐落在古怯沙国境内，或许就在怯沙国古都城附近，并且保留了前穆罕默德时代的一些遗迹。最显眼的一处坐落在图们达雅河（Tümen-Daryā）深嵌的北岸，是一个用晒砖和石头砌成、受严重侵蚀的土堆，位于支尼巴格和俄罗斯领事馆东北方向 2.4 公里处。这里被简单称为提姆（*Tim*，"土堆"），是一处古佛塔遗址。经过仔细测量，现存砖石遗址的高度约为 25.9 米，底座形状已无法考证，现存底座东西向直径 48.7 米，由于大量软质砖块已破碎掉落，无法确定整个佛塔的形状，因此也无法确定建筑中心的准确位置。砖块尺寸很大，每块大小为 116 平方厘米，厚 12.7 厘米。在一大堆砌石下，仍可见东北方向实心砌体的半球轮廓，这似乎是建筑外罩的一部分，也可能是扩建的佛塔穹顶。整个结构风化得太厉害，已无法尝试修复，也经不起挖掘。有件怪事值得注意，与我后来在和田古都的观察有关，附近土层下面，有整整 4.5 米厚的石基。西面尤其明显，土堆脚下因侵蚀形成了一个小峡谷。据马继业描述，在土堆旁边的泥土里，地表下几米之处，几年前发现了陶器碎片和大陶罐碎片，这证实地表可能已经因为冲积沉积物而被抬高。

另一处佛塔也已经风化成了一堆看不出形状的砖块，但尺寸更小，位于克孜勒苏河（Kizilsu River）左岸，距城墙南面约 2.4 公里。这个土堆被称为克孜达比（*Kizil-debe*，"红山"），地表之上高 8 米。建筑结构原基底是个 11 平方米的正方形。建筑所用晒砖大小约为 109 平方厘米，厚 7.6 厘米。在"红山"西面不远处，有一个又矮又平的小土堆，可能是寺庙建筑的遗迹，现已被穆罕默德时代的坟墓所覆盖。

哈努伊遗址

接近 8 月,准备工作有了很大进展,夏季平原的炎热也和缓了许多,因此我们可以在喀什东北方向路途大约 38 公里处,小村庄哈努伊(Khān-ui,"可汗的住所")的另一边,开始勘测贫瘠的达什特[27]上的若干遗址。喀什噶尔地方行政长官最先向我提及了这些遗迹的存在。在这个"阔纳协海尔"[28]或"古城"(在新疆,每一个古遗址或建筑都被称为古城,不做区分),我第一次见到连绵的沙漠里布满古陶器和玻璃器皿的碎片。这是很久以前就被毁坏的古居住地残骸,经过长时间风沙侵蚀形成。后来我在和田周边沙漠沿线的古居住地常常见到这种景象。这处遗址叫哈萨墙(Hasa Tam),据当地传说,这里曾是一个"中国可汗"的都城,直到将伊斯兰教传入喀什的萨图克·博格拉汗(Satōk Boghra Khān)摧毁了这个都城。在遍地陶器的土地东部边缘往东几公里处,我发现一个严重破败的佛塔,地表之上高 8.5 米,在它旁边有一座大四合院的痕迹,尺寸约为 79 米乘 52 米,中间的场地很可能是佛塔的精舍。

在哈萨墙以东 6 公里多处,有一条干涸的山涧,在山中大洪水时期,山涧中汇集来自小阿图什山谷(Little Ārtush Valley)的水。越过这条山涧,有一处保存更完好的遗迹——莫尔佛塔

---

[27] 音译,原文为 Dasht,波斯语,意为平原。——译者注
[28] 音译,原文为 Kōneshahr,意为古城。——译者注

(*Mauri-Tim*)。沿一座严寒山脉的北面向下，稍低处有一个山嘴，莫尔佛塔遗迹就坐落在此，即使距离很远，在夏季新疆尘土飞扬的环境中，仍能看到莫尔佛塔。最显眼的物体是一座佛塔，破损相对轻微，令我特别感兴趣的是佛塔清晰展现了建筑比例。我会绘制平面图和立面图，展示这栋建筑的所有细节，希望能够和其他此类材料一起在最终报告中出版，此处只能大致描述。佛塔底座为正方形，底座共三层，逐层减少，最底层每边长 12 米。方形底座的最顶层上面，有一个高 1.5 米的圆形底座，圆形底座上还有一个高 1.5 米的鼓状物，上有明显凸出的装饰线脚，鼓状物承载着佛塔的穹顶。穹顶直径为 4.8 米，形状是半球形。现存建筑总高约 11 米。佛塔外原本包裹着一层坚硬的灰泥，东南方向上仍未脱落，用于支撑突出脚线的木制构件（柽柳）也保存完好。其他方向晒砖铸就的实心砌体暴露在外，每块砖大小约 103—109 平方厘米，厚约 8.9 厘米。

西南方有一个很久以前形成的大缺口，差一点就影响了整个建筑的稳定性。这个缺口使佛塔中心的正方形竖井暴露在外，竖井在穹顶内拓宽，变成一个小房间，约 0.37 平方米，目前高约 1.6 米。中心的竖井或小房间最初很有可能用于存放圣物。此后发现的佛塔遗迹中都有这样的空间。从这方面以及总体建筑特征看来，我在新疆勘测过的所有佛塔似乎都与阿富汗境内和印度西北边境上现存的类似历史遗迹有紧密的关系。[29] 但凡是有

---

[29] 见我的报告《与布纳尔团队的考古之旅报告》（Report on an Archaeological Tour with the Buner Field Force），第 40 页；还有我在 1900 年的《印度古文物研究》（*Indian Antiquary*）中的注释。

显眼佛塔之处，都曾被有组织地开掘搜寻宝藏，这点并不令人惊讶，米尔扎·海答儿（Mirzā Haidar）的《拉失德史》（*Tārīkh-ī Rashīdī*）已经证实，从喀什噶尔到和田，新疆多处古遗迹遭到大规模毁坏，并且这种行为在穆罕默德时代仍在继续。

佛塔后方的同一处低垄上有一座矩形实心砌体，高 10 米。三层高的建筑里可以看到砖砌房间的痕迹，依稀可辨是一座寺院。整个外部腐坏过于严重，已经无法辨认建筑的任何特点。在零散的房屋遗迹周边也找不到任何可以确定建筑年代的物品。据说附近出土了中国古钱币，但我还没有任何切实的发现。

和田之旅

9月11日,我终于离开喀什噶尔,动身前往和田。去莎车的路上,我避开了普通的商队道路,而是选择了知名朝圣地奥丹帕山(Ordam Pādshāh)旁的道路,穿过流沙区。这使我在日后的沙漠旅行中有实际经验可循,也让我在现有地图标注的基础上,进一步确定了奥丹帕山的位置。在莎车,我不得不暂时停留,因为前往拉达克的商队提前离开,兑换中国通用的银钱被耽误,而我需要银钱购买冬天工作的必需品,所以必须在莎车停留。我利用在莎车逗留的时间,收集了一些与新疆历史相关的波斯语和维语的文字信息,还有去往和田沿路古地址的可靠信息。在莎车巴扎(Yarkand Bāzaārs),我发现了这一路上鲜少出现的古钱币、印章和类似的"古物"。

9月27日,我再度启程,几天后到达叶城小镇(Karghalik),在这里兑换了充足的银钱,也为我的队员和牲畜准备了全套冬装。我们现在走的这条道路,沿着大沙漠南部边缘通往和田,我对这条路有特别的历史兴趣。大部分路线都要穿过一片连绵的砂石大平原,这是一片干涸的无人荒地,但有明确证据表明,我们走的大道正是早年阿姆河区域和远西地区通过和田与中国进行商贸的道路。

和田沿路古遗址

固玛镇（Gūma）和木吉镇（Mōji）是两个小型绿洲，受到山溪的浇灌，山溪流经绿洲后，很快又消失在沙漠中。在通往固玛镇和木吉镇的半途上，我在现有道路旁发现了一个保存相当完好的佛塔，底座3.8平方米。在这次行进中，我还经过了一片广阔的土地，被风蚀的黄土中密密麻麻布满了粗糙陶器、砖块、炉渣碎片，还有其他类似的废弃物，表明这里是很久之前被废弃的小村庄。我频频越过和田地区现有种植区的边界去勘测这个地方，当地人称这里为"塔提（Tatis）"，在此无法详细描述此地的特征。这个地区受到风力和沙尘暴的强力侵蚀，在春夏季的很长时间里，风沙横扫沙漠和外围地区。上文提到的绵延数平方公里的碎片出现在木吉镇附近，还有和田绿洲中吉亚乡（Jiya）的东北边，碎片之下是天然黄土，要么十分坚硬，要么或多或少和碎片融合在一起。只有碎片凭借材料硬度和重量幸存下来，随着下方的地面受侵蚀，碎片所在高度也越来越低，而通常用于建造房屋的泥墙和木材等材料早已被侵蚀或吹走。这一区域地表所受侵蚀并不均匀，塔提总体地平面之上时不时出现小堆凸起的黄土，有的高达3—4.5米。凸起的黄土堆通常被坚硬的碎片所覆盖，或呈现出其他可以解释此处侵蚀进展较慢的特征。

我们在这里偶尔拾到硬币、受腐蚀的金属物体和其他此类可以抵御风力的小东西。我有一个特别的理由要研究通往和田路上的这个地区。霍恩雷博士收藏中用"不明文字"写成的古本和木版印刷品，还有其他藏品中的此类物品，都是从"寻宝人"斯拉木·阿洪（Islām Ākhūn）手中购得。马继业在喀什噶尔的记叙中，以及霍恩雷博士在《不列颠中亚古物藏品报告》的重述中，都详细指出了斯拉木·阿洪声称发现此类物品的地点。大部分在固玛镇与和田之间的古道北边，是沙漠中的古址。我在去和田的路上仔细调查，发现斯拉木·阿洪说的这些地址要么根本没人听说过，要么只是"塔提"。我在固玛镇时去过沙漠中的喀拉库勒湖小神龛，神龛周围就有散落着陶器碎片的"塔提"。在这类"塔提"中，从没听说过发现任何古本或"书"。经过我坚持不懈地勘探，此地的物理状态似乎也排除了有古本留存的可能。这个负面结果和我在喀什噶尔听说的一些关于斯拉木·阿洪的信息，让我对这位"寻宝人"说的话和他"发现"的物品的价值与真实性产生了质疑。

木吉镇的位置似乎是玄奘描述中的"勃伽夷（Po-kia-i）"城，在玄奘的时代，人们在此地供奉一尊来自克什米尔的佛像。在木吉镇主村附近的托古雅遗址（Tögujai），散落的古物中有大量铜币，说明此地在穆罕默德时代早期非常繁荣。

和田边境古址

沿着玄奘走过的路线继续向东行进，我发现了赞固雅（Zangūya）绿洲旁的其他古址，还有一座严重受侵蚀的佛塔遗迹，叫喀拉克尔提姆（*Karakīr-Tim*），位于皮亚勒玛（Piālma）西北边 8 公里处。绵延的沙漠穿过皮亚勒玛的东边，此处就是和田区的边缘。沙丘的中央有一个奇怪的伊斯兰教神龛，一般被称为卡普塔尔麻札（*Kaptar-Mazar*，"鸽子的神龛"），证明了当地传统的延续。在玄奘的记叙中，和田都城西边一百五六十里（约 48 公里）处，"大沙碛正路中，有堆阜，并鼠壤坟也"[30]。这些老鼠受到旅人供奉，因为当地人相信，在古代匈奴肆虐边境时期，老鼠咬坏了匈奴军队马具和盔甲上的皮带，拯救了这片土地。玄奘文中记叙的地点与卡普塔尔麻札一致，距离和田的远近完全相同，在低矮沙丘中央，被红柳灌木覆盖。现代旅人用供奉食物的方式延续神庙饲养上千只鸽子的做法，表明当地佛教时期的传说延续至今。圣鸽就像玄奘故事中的老鼠一样，在伊斯兰教传说中取代了老鼠的位置，这是穆斯林开拓者面对一大群和田异教徒的大获全胜。

---

[30] 见 *Si-Yu-Ki*，卷二，第 315 页。

到达和田

10月12日，我到达该地区的首府，和田镇盛伊里其乡（Ilchi），这是我要进行考古工作的特别区域。我立即着手在当地做调查，调查结果会告诉我哪些地方特别值得探索，哪些方法是系统搜寻古物的最佳方法。由于担心伪造，我没有把这次旅行目的的相关信息提前送信到和田，事实证明我这样做是对的。我必须花一些时间去"寻宝人"常去的古址收集古物样本。目前能够收集到的关于古址的所有信息都很模糊，即使信息的来源是看似可靠的人。这让我确信，如果不收集样本就出发，可能会浪费大量宝贵的时间，也会造成不必要的开支。巴德鲁丁·坎（Badruddīn Khan）是在和田的阿富汗商人的阿克撒卡尔[31]（领队），他本人也是和田和拉达克之间的大贸易商，曾为马继业提供服务，他自告奋勇提出组织和率领"勘探"小队出发。他们起码一个月后才能返回，所以我决定利用这个间隙完成一项地理任务。这项任务有特殊的意义，勘探局也因此嘱咐我特别留意。

---

[31] 音译，原文 Aksakāl，意为领队。——译者注

勘测昆仑山脉

我们对昆仑山脉的认知非常有限，昆仑山脉中有玉龙喀什河（Yurung-kāsh）或和田河的源头。1865 年，约翰逊先生（Mr. Johnson）从拉达克来到和田，留下一张路线草图，我们对昆仑山脉的认知仅限于这张草图。1873 年，特罗特上校（Colonel Trotter）在莎车任务的地质报告中提出猜测，玉龙喀什河的源头要远远超出地图上标注的地方，在更东边，有可能就是普鲁（Polu）南边高原上的溪流。1898 年，迪西上尉从普鲁一侧出发，成功抵达了这条溪流所在之处，海拔约 4876 米，但他没有沿着溪流继续向下行进。因此玉龙喀什河主流源头的真正走向，它从何处穿过昆仑山脉，以及周边大部分地区的山岳形态，这些问题都有待探索。

冬季马上就要来临，迫使我尽快完成这项任务。虽然在动身去昆仑山脉之前只剩下几天，我还是去了一趟约特干村（Yōtkan），通过此处的发掘工作了解这座古都城。我还获得了不容置疑的证据，证明最近就有人在和田伪造"古书"。一个俄罗斯籍亚美尼亚人投机购得一个声称是在沙漠中找到的、用"不明文字"写在桦树皮上的古本。他付了 50 卢布买下古本，然后拿给我检验。我立刻发现桦树皮没有经过处理，克什米尔著名的

"普其（*Bhūrja*）"[32]古本都会经过处理，让树皮适合做永久记录。伪造者也没有使用在桦树皮上写字的专用墨水。我做了"水测试"，蘸水的手指一碰到树皮，上面的奇怪"不明文字"就晕开了，无论是书写还是刻版印刷的文字都是如此。这个"印刷"品和霍恩雷博士的《不列颠中亚古物藏品报告》第一部分附图中的"木版印刷品"高度相似。我在调查中发现，卖给亚美尼亚人桦树皮的卖家与上文提到的"寻宝人"斯拉木·阿洪之间有联系。当地传言，斯拉木·阿洪之前经营了一家小工厂，专门制作"古书"。但当时他有意避开和田，对他个人的调查只能推迟。

10月17日，我带着最轻便的实用设备向昆仑山脉出发。在喀什噶尔期间，我曾担心中国政府会反对探索昆仑山脉，但实际上他们并没有提出异议。正相反，和田的驻札大臣潘大人[33]为我安排了运输和补给等一应所需。随后的经历告诉我，幸好我学习了官话，还有和善的潘大人施以援手，才能顺利完成后续山脉间的旅途和沙漠探索。

---

[32] 梵文，意为桦树。——译者注
[33] 音译，原文 Pan-Darin，人名或称呼。——译者注

探索玉龙喀什河上游

从玉龙喀什河口通往平原的路线无法一次通过,因此从和田通往最南面的栖居地喀兰库山(Karanghu-tagh)必须越过一连串山峰,这些山峰分隔出了自东向西的山脉支谷。我们穿越的第一座山峰海拔约3444米,受沙漠平原上升起的尘霾影响,看不到清晰的景色。但是第二座山峰在布雅平原之上,可以看到广阔的全貌。冰川环绕的山脉中,东南面耸立着一座壮丽的孤峰,这一定就是"昆仑五号峰(Kuenluen Peak, No.5)",靠拉达克一侧已经做过三角测量。居住在附近山谷中的塔格里克人(Tāghliks,"山民")称这座山峰为慕士塔格峰,即"冰山"。慕士塔格峰的南面有一座巨大的雪山,根据勘探局提供的数据,海拔约为7366米,与最西面的阿克赛钦高原(Aksai-chi)之间形成一道分水岭。其山脊最低处不低于5791米,但没有一座山峰能与锥形大山峰"昆仑五号峰"匹敌。情况很快变得明朗,玉龙喀什主河就在这座大山峰和东面的侧峰之间。

在山脉最外围,海拔4084米处,我们发现一处绝佳的驻地,可以勘测从南面汇入玉龙喀什主河的许多冰川补给河。这些河流的水域和主河一样,位于深深的峡谷之中,周围岩石环绕,侧面是极险峻的山嘴。由于地面崎岖不平,负载着行李的矮马无法通过向下进入玉龙喀什河谷的道路。幸运的是,我们在喀兰库山("极暗之山")找到一个牧人的定居点,在此处将矮马换成了牦牛。此处极难到达，因此也是和田关押某些犯人的地点。喀兰库山坐落在喀什河之上，喀什河从海拔 6705 米的山峰之下的大冰川中流出，在村庄下游几公里处汇入玉龙喀什河。

玉龙喀什河峡谷

我从此处开始，沿着玉龙喀什河谷努力向东南方探索。山地居民并不知道任何可以通往水源的小道。经过两天艰难地攀爬，我们到达一个地点（约经度79°59′30″，纬度36°2′），从此处开始，人和牦牛已无法通过环绕着"昆仑五号峰"南面巨大山嘴的河谷。越过这个地点后，大约在海拔2743米处，河流淹没了岩石间狭窄的通道，即使在深秋也无法通过。副勘探员和一些塔格里克人同我一起，从面向南高峰的雪山脊，沿着极其陡峭的斜坡，向河谷中行进数公里。但我们的努力只是徒劳，并没有找到可以更进一步的通道，最终只得返回，等到河面完全结冰之后再做尝试。虽然在10月27日，夜间温度已经降到16华氏度（约零下8—9摄氏度），但起码还要再等一个月，河面才能完全结冰。即便河面结冰，我们仍然不一定能找到可通行的道路。因此，我们只能从东南面去探寻河流上游部分，迪西上尉曾从这一面找到了相对开阔的地域，离水源更近。

勘测通往喀拉喀什河路上的山脉

迄今为止的勘测显示,这片荒凉但引起地理学研究兴趣的区域与上述草图中记录的特征大相径庭。从喀兰库山向西北行进,我来到一片完全未经探索的土地。10月30日,我们通过一条恰好可供载重牦牛通过的小道,离开了喀兰库山。这条路是除了布雅盆地路线以外,该区域与外界连接的唯一通道。我们穿过了一连串横向山峰,来到尼萨山谷(Nissa)和查什山谷(Chash)。在山口附近扎营后,就能向布林雅克山(*Brinjak*)山脊上的测绘站攀爬,海拔约4663米。尽管遇上了异常晴朗的天气,但温度越来越低,我们不可避免要受冻,这让测绘工作变得非常艰难。

和田山脉三角测量

我们越过查什山谷,通过玉干山口(Yogan-Dawan Pass)来到了喀拉喀什河流域。由于独特的天气状况,此处岩石破碎严重,在干涸深嵌的河谷中形成了完美的迷宫,绘图困难极大。这个地区的另一大障碍是缺水,但携带冰块可以解决这个问题。到达平原前通过的最后一个山口是乌鲁干特山口(Ulūghat-Dawān,海拔约 3078 米),位于喀拉喀什河流域的波普那(Popuna)南面。虽然乌鲁干特山口的海拔远低于先前穿过的山脉,但视野更广阔,让我重新燃起了本已消磨殆尽的希望。这里不仅能看到我们先前勘测过的山脉,还能看到喀拉喀什峡谷方向的更远处,许多先前看不到的高耸山峰。我们在拉达克一侧做三角测绘时,就已经确定了其中两座山峰的大致位置,现在可以进一步确认。有了这些和"昆仑五号峰"相连的确定地点,我们就可以通过经纬仪确定乌鲁干特山口测绘站的位置,也可以测量所有视野内高耸山峰的角度。东边有另一座高峰,11 月 10 日,我们成功爬上这座山峰,视野同样广阔,因此我们能够赶在沙尘暴来临前完成三角测量。风暴掀起的浓重尘霾将会向北席卷沙漠平原,让人在几周内都看不到远景,届时我们不得不中止工作。还好我们及时赶在风暴前完成了工作,确认了紧靠和田镇南面外围的高耸山峰的位置。有了这些位置信息,4 月返回时,我们就能把和田与印度的三角测量体系联系在一起,这是我们一直以来的目标，这样一来，印度的三角测量体系就能给出准确的经度。

佛教圣地牛角山

11月12日,我们抵达了喀拉喀什河汇入和田平原之处的乌杰特村(Ujat)。我对此地产生了考古兴趣。在河流右岸之上,乌杰特村正对面处,有一座砾岩山嘴,叫作科马里山(Kohmārī)。根据这座山峰所处的位置和里面的洞穴判断,这就是玄奘提到的瞿室餕伽山(Gośṛṅga,即牛角山),是和田佛教盛行时期的著名圣地。格雷纳德(M.Grenard)曾作为杜特雷依·德·兰斯的同伴到访此处,他发现科马里山和玄奘描述中的所有特点都非常接近,是第一个辨认出此地之人。据说人们常常供奉的这个伊斯兰教圣地中保存了被称为"玛赫普加"和卓(Khwōja "Mahēpujam")的圣人遗体,很可能就在为纪念佛祖布道而建的伽蓝的一侧。下方峭壁上有一个小洞穴,虔诚的信徒认为这是圣人的隐居地,仍会来朝圣。一条通往"大石室"的道路清晰可辨,在玄奘时期的传说中,一名阿罗汉曾居住在此,"入灭心定,待慈氏佛"。通过一个简易梯子可以进入洞穴上方的小石室,石室约为4乘2.4米大小,上方有一条狭窄缝隙,通向岩石内部。在玄奘听闻的传说中,这条裂缝曾是一条通道,被落石堵住。

除了与玄奘之旅的关联外,我对科马里洞穴还有特别的兴趣。珍贵的杜特雷依古本中的桦树皮据说就是在此处获得。据格雷纳德描述,当地人接连两次进入科马里洞穴,之后把桦树皮交给了格雷纳德和他的同伴,当地人声称,这些桦树皮是和其他遗物一起在洞穴里发现的。但很显然,两位法国探险者并没有亲自到场,也没有人给他们展示发现古本的准确位置。因为他们信的是异教,当地人不允许他们进入洞穴内部。但我没有遇见这样的困难。通过对洞穴和石壁的勘探,我有充分理由相信,古本和其他古物可能并不是在此处发现的。我会将对此地勘探的详细描述放在最终报告中,并详述我产生怀疑的原因。虽然睿智的族长记得曾有法国探险家到来,但无论是他还是村民都对洞穴中的发现一无所知。古本的其他碎片被运往喀什,然后从喀什噶尔被运往圣彼特堡,说明在杜特雷依听说古本之前,古本就已经被分割。这意味着售卖古本的村民有足够的理由隐瞒发现古本的真正地点。

11月16日,我返回和田镇。经历过艰难的山地旅程后,人员和牲畜都十分疲劳,很多装备也需要修补,所以我们必须做短暂停留。第一次来到和田镇时,我曾以我的名义派出了代理人,从和田各地收集古物。现在我利用短暂停留的时间查看和购买他们收集到的古物,例如刻字的石头、印章和陶器。我在和田停留的这一周,先前派往沙漠中各个古址的小分队也带回了他们的战利品。小分队在吐尔地(Turdi)的指引下前往探索,经验表明,吐尔地是一位年老且可靠的"寻宝人",他去过和田区域最远的地方——丹丹乌里克(Dandān-Uiliq)。他们带回的样本令我非常满意,其中有一些壁画碎片,上面有印度婆罗米文题铭;一些代表佛教崇拜的小灰泥浮雕;还有一个虽小但毫无疑问是真迹的碎纸片,上面写着中亚婆罗米文草书。我在调查过程中逐渐明白,发现这些物品的地方显然就是最适合着手进行系统性挖掘的地方。但那里离和田绿洲非常远，大概要走 9—10 天，意味着我们要离开很久。因此我决定，在出发之前要先勘测绿洲内部的古址，确定古地形。

和田绿洲古址

我首先沿着和田镇南面的玉龙喀什河右岸行进。中国早期史书记载此处有采玉活动，至今也仍在继续。这种珍贵的玉石主要从河边的卵石层中采出，从山中流出的河流也因此而得名（玉龙喀什，即"白玉"），喀什噶尔因此在整个东亚声名鹊起。中国史书中对于阗（或和田）相对详细的描述、对和田与中国从汉朝起就存在的历史关系的描述，都直接或间接与玉石生产所带来的利益有关[34]。因此，能在玉石开采处附近找到两个明显有古物的巨大残骸区，或者说"塔提"，并不令人惊讶。一处在雅曼达村（Jamada）附近，另一处叫查尔玛卡赞（Chalmakazān），位于河流上游约12.8公里处。在查尔玛卡赞，有一个受侵蚀严重的低矮土堆，用河里的石头紧密堆放在一起建造而成，直径约30米，可能是一个古佛塔遗址，很久以前曾经被挖掘过。

绿洲外围有许多类似的"塔提"，比这类"塔提"更重要的是因淘金而被发现的古遗址，位于约特干村下游，在和田镇西面约11公里处。到目前为止，来源于此遗址的古物最多，比如陶器、印章、硬币等，都是先前的旅者在和田购得。在旅者的描述中，此地一般被称为博拉赞（Borazan），博拉赞是村庄所在州的

---

[34] 中国史书关于和田采玉的描述和许多关于玉石贸易的珍贵信息，首次出现在雷暮沙（Abel Rémusat）的《和田历史》（*Histoire de la ville de Khotan*）一书中，该书1820年出版于巴黎。

名称。格雷纳德第一个发现约特干的位置与早期中国记载中的和田古都位置完全一致,在玉龙喀什河和喀拉喀什河的中间。我在约特干多逗留了一段时间,对约特干做了详细调查,调查结果支持格雷纳德的观点,也便我能够确定玄奘记叙中都城附近的许多古址。

约特干古遗址

约特干的古文物遗迹嵌入在腐烂垃圾和腐殖质的土壤层中,土壤平均厚度从 1.5—2.4 米至 3.9—4.2 米不等,特别肥沃的岸边达到 3.9—4.2 米。"文物层"上面盖着一层纯土,不同位置的厚度从 2.7—6.1 米不等。土壤层主要由淤泥沉积形成,是长期集中冲积必然造成的结果,并不是以前的旅者所猜想的大洪水或类似的天灾造成。要说明得出这个结论的理由需要一定篇幅;要阐明我在和田地区其他位置的勘测结果,即地平面因冲刷沉积逐渐上升,也需要一定篇幅,因此只能留到最终报告中详细说明。"文物层"之上的土壤层很好区分,由于"文物层"含有大量陶器碎片、腐烂木材、动物骨头和类似的废弃物,颜色更深。淘金者的淘金活动导致广阔的区域逐渐被挖掘,这大大方便了我们查看文物层。此处是一个面积约为 1.3 平方千米的正方形区域,南北边界分别为喀尔车村(Khalche)和阿拉玛村(Allāma),这两个村庄都属于约特干。为了研究挖掘地的边缘部分,我雇用的苦力在小水道流经处垂直挖开河岸。挖掘出来的泥土经过粗筛,得到的物品主要有小黄金碎片、钱币、宝石、陶艺品碎片和类似的小物件。

最初发现约特干遗址

在老村民中做过详细调查后，我确定最初发现黄金的时间是 36 年前，由于一次洪水，喀拉喀什河水经小运河被引入约特干灌溉田地，柔软的泥土上出现了一道更深的河床。在因此而形成的沟壑中，人们发现了第一批黄金，夹杂在古陶器中间。这很快吸引了游牧民族中的一批人，他们在和田依靠淘金、挖玉石或"寻宝"勉强为生。由于回报颇丰，这项产业被阿古柏（Yāqūb Bēg）[35]手下的和田地方长官尼亚兹·阿奇木伯克（Niāz Hākīm Bēg）[36]掌控（即垄断），规模最大的挖掘活动就发生在这个时期。近年来，挖掘区域边缘的黄金产量似乎已经达上限，只有西面和西北面产出的黄金仍然足够支付劳工的工钱，每天 1—2 和田天罡[37]。

淘金活动只在河流水量充足的季节进行，也就是 7 月到 9 月。我到达时，淘金季已经过去了很久。但我在挖掘现场购得了去年产出的古物，因此我对还未挖掘的遗址里可能出现的古物类型也有了清晰的概念。我收购的古物中有大量装饰陶器，包括大陶罐碎片，还有完整的浮雕装饰品；许多古朴的陶器微型细密

---
[35] 阿古柏，中亚浩罕国伯克。——译者注
[36] 伯克是中国清末以前新疆回部的官职名称。——译者注
[37] 天罡和卢比的汇率是 1:3 到 1:4。（天罡译法参考《和阗的老古玩店》，丹尼尔 C.W. 厄苏拉 .S-W. 撰；王冀青、蒋小莉译。英文原刊美国"丝绸之路基金会"创办的《丝绸之路》第 8 期（*The Silk Road*, Vol. 98, 2010, pp. 69–96）。——译者注）

画,画着人和各种动物,尤其是猴子,我们在之前收集的藏品中已经见过这类画,例如霍恩雷博士的报告中就有展示;最有趣的是大量铜币,其中有早期和田王发行的钱币,上面既有汉字又有印度佉卢文;展现神圣佛陀或佛教徒的小金属浮雕或石刻浮雕;无数用各种珍贵石头(包括玉石)雕刻的印章,展示了古典艺术的影响,等等。在旅途中和旅途之后,我一直没有时间研究从约特干挖掘出的古物。初步报告附图也没有足够空间呈现。但附图1和附图2中展示了少量陶器样本,可以说明古和田陶器艺术品的高水准,其装饰主题受到古典艺术的影响。附图1中的图A和图B展示了保存完好的硬黏土花瓶,图A中把手上的装饰图案是猴子在演奏一种六弦琴。图C、D、E和附图2中的图B是大花瓶碎片。附图2图A中的头部可能是装饰把手的一部分。附图13中,图A、E、I的石刻浮雕也是在约特干发现的,和犍陀罗的希腊式佛教雕塑十分接近,说明受到印度-阿富汗边境区域的直接影响。这些古物的意义在于揭示了古典艺术影响中亚和田区域的一个渠道。图I中的小浮雕呈现的是释迦牟尼从摩耶夫人右肋而出的场景;图A展示的是《本生经》(Jātaka)故事中的一些场景。

我在约特干"文物层"中没有发现任何古建筑的踪迹,也未听说之前的挖掘中有过此类发现。这很好解释,和现在一样,约特干地区容易获得的建筑材料只有晒砖和混了木料的黏土,没有合适的石材。在常年被河水冲刷过滤保持湿润的土壤中,长达几个世纪的过程里,这类材料一定会完全腐烂。只有特别坚硬的物体(陶器、石头、金属)才能躲过腐烂的命运。因此,上文提过，这种物品大多体积较小，或者呈碎片状。约特干的遗迹土层由逐渐堆积的垃圾组成，此地曾有房屋，可能直到穆罕默德占领之后，才被逐渐遗弃。因此，大件的物品和有实际用途的物品也一定被搬走放在别处使用。

仅仅通过上述挖掘活动，就在约特干"文物层"中发现可观的黄金，这起初让我感到不解。一年中产出的大多黄金都被送到了和田镇的熔炉中，但我设法得到并检验了若干样本。样本由小片金箔组成，时不时还会有一些金粉。对村民们来说，要区分约特干和塔木格尔（Tam-Öghil）产出的黄金与和田河床冲刷出的黄金并不难，塔木格尔是类似约特干的遗迹，后文再提。我认为一个合理的解释是，约特干产出的黄金至少有一部分是用于镀金的金箔。中国旅行者法显详细描述了他去和田时（约公元400年）看到的宏伟佛寺，可以肯定的是，不只佛像上镀着金箔，佛寺建筑的许多地方都镀着金箔[38]。建筑倒塌时金箔与尘土混合，直到尘土被冲刷才再度被发现。

---

[38] 见 *The Travels of Fâ-hien*，法显《佛国记》英文版，莱格译，第19页。

确认佛教圣地

我们相信,约特干地下废墟层中的发现,至少有一部分是和田古王城遗迹。但我无法在此详细说明历史和地质依据。我依据此地的发现,能够确认玄奘叙述中,从此处开始直到王城附近佛教圣地途中的所有地点,这对我来说就是最有说服力的证据。这些地点现在都已成为伊斯兰教圣地,许多伊斯兰教朝圣者会来此朝觐。如同在克什米尔和印度一样,当地崇拜的延续对我研究和田古地形有莫大的帮助。我们由此确认了一系列地点的位置,其中有一个小村庄娑弥亚(Somiya),位于约特干挖掘处向西约 1.6 公里处,方向和距离都与玄奘描述的娑摩若僧伽蓝(Sa-mo-joh)[39]完全一致。此地现在的地名发音直接衍生于中国古本中的古地名,这也是依据之一。圣祠(Ziārat)附近有一个小山丘,人们会来此处朝觐,十分敬畏。这说明此处原本可能是一座佛塔,与玄奘描述的神奇故事有关。

---

[39] 见 Si-Yu-Ki,卷二,第 316 页。娑摩若僧伽蓝与法显提到的大佛寺"王新寺"可能是同一处。

前往丹丹乌里克

12月初以前，我一直忙于勘测绿洲内的古址，在此只能略过。我在和田匆忙为冬季工作做好准备后，在12月7日启程前往丹丹乌里克，第一次探索沙漠时我就决定挖掘此地。进一步调查显示，丹丹乌里克就是斯文·赫定在去克里雅河（Keriya Daryā）途中看到的废墟。斯文·赫定的游记中称之为"塔克拉玛干古城"。这个信息让我确定了和拉姆·辛格汇合的地方。11月23日，我曾派副勘探员拉姆·辛格去"昆仑五号峰"和东边的山脉之间做独立勘测，勘测结果可以与迪西上尉在普鲁的勘测结果衔接。我们在和田北边沿贫瘠的玉龙喀什河岸走了3天，到达塔瓦库勒（Tawakkēl），这是60年前在林带外围形成的一个小型绿洲，沿和田河流域在沙漠中延伸。多亏了驻和田大臣潘大人所给的详细指引，我才能在此处为发掘组织了30人的劳工队伍，准备了4周的食物供应。村民都不愿进入沙漠深处冒险，如果没有潘大人的帮助，我很难找到足够的劳力，尤其是面临的天气还是严寒的冬天。两位曾为斯文·赫定做向导的塔瓦库勒猎手这次也充当了我的向导，还为我照管劳工。我们即将穿越沙漠，由于没有充足的水和食物，我把坐骑矮马送回了和田，自己徒步出发，让骆驼驮着食物和其他必需的行李。离开河岸边后，我们一直在沙丘中穿行，虽然最高处不高于4.6米，但在流动的沙漠中穿行非常耗时。因此我们5天后才抵达一片有枯死的白杨树干和其他园林树木的区域，说明此处古时有人种植。塔瓦库勒向导选的道路向北走偏了一点，但经验丰富的"寻宝人"吐尔地很快就在一片荒沙中找到了方向。第二天（12月18日），我们在零散的废墟之中安营扎寨，这个地方在和田寻宝人之间被称为丹丹乌里克（"象牙屋"）。

初步调查显示，废墟由分数的中等大小房屋群落组成，主要分布在南北方向2.4公里、宽度1.2公里的区域内。整个区域中的墙壁都是木制框架包裹一层灰泥铸成，要么可见已残破，只留下地面之上一部分，要么被矮沙丘覆盖，通过伸出沙丘的一排排木柱仍依稀可辨。暴露在外的房屋都有被寻宝人"探索"的痕迹，并因此受到了损伤。吐尔地辨认出了他和他的同伴之前来寻宝地方。幸运的是，当时他们没有携带充足的补给，所以没有久留。因此被埋在沙下深处的建筑逃过了一劫。

发掘丹丹乌里克

裸露在外的几座建筑上画有佛祖和菩萨的壁画,曾经是佛教圣地。受这些建筑指引,我开始挖掘埋在 1.8—2.4 米厚的沙下的一个小建筑群。这座建筑由两个内殿组成,曾以壁画和灰泥图案装饰。这在丹丹乌里克挖掘的所有佛教圣地中,是一个典型构造在此做简单描述。大内殿是内边长 3 米的正方形,北面有一扇门。硬石膏墙内是木制框架,上面盖着一层芦苇,整体厚度约 16 厘米。内殿外环绕着宽 1.3 米的四边形通道,外墙构造相同。北墙的中间也有一个入口。内殿中曾有一座巨大的灰泥雕像,一定是一座佛像。但这座佛像只有脚保留了下来,长约 30 厘米,

照片 5 丹丹乌里克内殿遗址(发掘后)

照片 6 尼雅河建筑遗址（发掘后）

放在一个 0.9 米高的底座上。佛像的其他部分内部曾有木制框架支撑，现已风化成碎片，轻轻一碰就散了。内殿的四角都有垂褶袖的灰泥雕像，站在莲花形基座上，但只有一座雕像从脚到肚脐都保存完好。内殿墙壁上有装饰壁画，画着被光环环绕的佛祖或圣人。由于这些壁画尺寸大于真人，所以在仍屹立不倒的墙壁上只能看到佛像脚下宽大的彩绘檐壁，上有莲花和朝圣者的小人像。墙的外侧有壁画镶边，画着佛教圣人们坐着冥想，长袍和光环的颜色各不相同。

围绕回廊的墙壁内侧装饰风格与内殿墙壁一致。我把一块画着壁画的灰泥从墙上完好地取下，附图 4 就是这幅壁画缩印后的照片。这块壁画中画着坐佛或菩萨，原本位于两幅更大的壁画下方的三角形空间里。壁画下方的黑色铭文是中亚婆罗米文。这处铭文和丹丹乌里克发现的其他壁画下方的简短铭文都不是印度婆罗米文，但可能与该遗址发现的非梵文婆罗米文件所用语言一致。

　　上述佛殿西面与另一个小内殿相连，长约 3.8 米，宽约 2.6 米，风格一致。照片 5 展示的是小内殿东南角。南面（右）有一个高高的狮式灰泥底座，上面曾有雕像，现在只剩下雕像碎片。照片左边的无头人像似乎是一个侍者，踩在被击败的敌人身上，敌人或许代表恶魔。人像穿着盔甲，色彩鲜艳，保存完好。大底座旁边的角落里有无数小浮雕，是佛祖正在教化信徒的样子。这些浮雕都是巨大光环的一部分，附图 3 中有大块光环碎片的彩色照片（D.ii.34），根据大块碎片，我们可以重现部分小佛像的原始排列顺序。附图 3 中其他灰泥小浮雕（遗址 D.ii.011）是坐佛，很可能也是装饰环的一部分。从挖掘出的大量相似的灰泥碎片判断，这种墙壁装饰的风格在丹丹乌里克宗教圣地很常见。

壁画和木板画

上述小内殿墙壁上的装饰壁画十分精美,轮廓鲜明。很不幸,因墙体受侵蚀,壁画也受到了侵蚀,试图取下壁画只会造成损坏。根据构图和人像描绘风格,我可以肯定此处壁画与晚期的阿旃陀壁画(Ajanta fresco)相似。古印度壁画保存下来的少之又少,所以研究丹丹乌里克壁画有很大价值。出于同样的原因,我在发掘上述内殿时发现的木板画和其他类似的文物也有特别的价值。这些木板毫无疑问是佛龛被废弃前信徒供奉的供品,附图2中的缩印照片(D.vii5)就是一个样例。木板上画的是佛教神话中的重要人物,或当地佛教传说中的场景。附图2中的木板画主题也出现在了内殿(遗址 D.ii)的壁画中,呈现的是佛教传说中的场景。我在朋友安德鲁斯(Mr. F. H. Andrews[40])的提醒下,特别注意到其中一块木板,上绘一个鼠头神话人物。根据玄奘讲述的故事,和田当地佛教徒崇拜圣鼠,这个木板画会不会就是圣鼠的拟人像?我在丹丹乌里克寺庙中共挖掘到20多个木板画,都放在雕像前面或底座上。由于放置在地面上,木板上薄薄的一层水彩不幸大多受到损伤。去除黏在木板表面的沙和硅土是一项艰难的任务,需要耐心和时间。

---

[40] 指弗雷德里克·亨利·安德鲁斯(Frederick Henry Andrews, 1866—1957),英国教育家、学者。曾为斯坦因探险队收集的亚洲文物和手稿编制了目录。——译者注

发掘出的古本

在内殿（遗址 D.ii.）中，我们只找到了壁画上的铭文，还有一条几乎已经腐烂的薄纸片，能辨认出少量婆罗米文，除此之外，没有任何文字信息。但在西北边 18 米处，我们挖掘的下一幢建筑里，发现了第一份古本，这要归功于丹丹乌里克的劳工。在旁边寺庙的僧侣住房里，最底层铺着一层松散的沙子，我们在沙子里发现了长方形纸页，上面写着北印度（笈多王朝）的古婆罗米文，有的已经破成碎片，有的是一小叠，保留了印度典籍的排列顺序。这些碎片至少来自四份古本，其中三份用梵语写成，都是佛教典籍。第五份古本上写着漂亮的中亚婆罗米文，所用语言并非梵语，语言种类有待验证。附图 5 中是更大的梵语古本中的一页（D.iii.,13），共发现 15 页。

在挖掘期间和挖掘之后，我都没有时间仔细研究这份古本或丹丹乌里克发现的其他古本中的古文书特点或内容。因此只能留给其他人去鉴定准确年代。但我必须指出，我发现在所有梵语书页中，音节 ya 的书写形式只有古三叉形。如果这个方法可靠，依据霍恩雷博士对先前在新疆发现的古本文字特征的研究成果，这些文物的年代一定不会晚于公元 7 世纪。但迄今为止，根据我们的观察结果，这个遗址里发现的古本很可能写于 5 世纪和 6 世纪。不论是散装书页还是整装书页，都发现于不同深度的沙层中，位置在地板上，说明它们是在流沙逐渐填埋地下室的过程中，从上层掉落。我们找到的梵语书页中有标记页码，132页，说明地下室找到的书页是大部头中的一部分，可能已经随着上层的毁坏而消失。下面的房间里有一个大壁炉，靠西面墙壁用硬灰泥造了一个精致的烟囱，旁边墙壁凹处放了一条长木凳。这个地方可能是厨房，因为房间里有一个简陋的木制三角架，和如今新疆地区房屋里用来放置大水壶的三角架类似，另外还有动物骨头、豆饼、毛毡碎片和类似的废弃物。这个房间的一部分被埋在高4.8米的沙丘下，挖掘是一项艰难的任务，即使工人们在我的监督下从早干到晚，还是花了整整三天时间才完成挖掘。

丹丹乌里克遗迹的建造和保存

简单描述我们在丹丹乌里克发掘的第一座建筑，就可以展示该遗址的总体特征和内容。我们完全挖掘和勘测过的寺庙和宅院共有14处，位置分散。它们的材质和建造方式类似，但是保存状态大不相同。那些未被沙丘覆盖的建筑曾经暴露在沙漠风沙侵蚀之下，损坏严重。沙层薄的地方受到"寻宝人"挖掘的严重破坏。大部分建筑旁边都有晒褪色的干瘪白杨树和其他古树树干，表明此处曾有果园和林荫大道。移动沙丘之间的小片未被覆盖的土地之上，古灌渠的踪迹清晰可辨，就在小堤岸之间，但无法沿着踪迹追寻。散落的遗迹之间布满了粗糙陶器的碎片、被腐蚀的小片金属和类似的古物。发现这些古物的地方如今没有任何古建筑的踪迹，说明此处原本建造的是普通住宅，就像现在和田农户的房屋一样，完全由晒砖和压实的黏土筑成，比有木制框架的房屋更容易坍塌。如今和田的村镇仍在使用制框架建筑，但是要昂贵许多，因为木材要从很远的地方运来，所以只有富裕人家、清真寺和宫殿才会使用。丹丹乌里克过去应该有较大型的聚居点，可现存的建筑遗迹数量有限且分散，原因有很多，上述观察结果也是原因之一。

发现汉语文献

在篇幅有限的初步报告中,值得提一提丹丹乌里克其他建筑中挖掘出的一些古物。我们在挖掘几处佛殿及其附属宅院时,发现了单页的薄糙纸,上面有独特的中亚婆罗米草书文字,所用语言显然不是印度语。从书写的字母和整体外观上看来,与戈德弗雷上尉送往加尔各答,随后被霍恩雷博士出版的古本非常相似[41]。尽管对古本来源的描述不尽相同,但我有充分理由相信,这些纸张其实就是向导吐尔地在曾经探索丹丹乌里克时带回的物品的一部分。这类纸张大部分折成小卷,或者已经破碎。我们在同一遗址发现了材质外观类似的汉语文献,其中可能包含关于古本内容的探索。

遗址 D. vii 是一间不大的僧侣住宅,毗邻一处佛殿废墟,我们在这里发现了一份汉字文献,最初呈卷轴状,附图 6 呈现的就是这份文献(缩印)。马继业做了简单翻译,这是一个寺院的住持发布的命令,要求寺院下属一块偏远土地的僧侣或照管人修剪草地,做其他田间劳动。这份文件上没有日期,但在同一住宅发现的其他关于借贷和抵押的文件(经马继业查看)分别写于中国皇帝建中(公元 780—805 年)三年和八年。在另一个寺院发现

---

[41] 见 "Three Further Collections of ancient Manuscripts from Central Asia",《孟加拉亚洲学会期刊》(*Journal of the Asiatic Society of Bengal*),1897 年,第 17 页,附图 5 至 7。

的一张纸上的内容是请愿找回一头驴子,写于大历(公元763—780年)十六年。

丹丹乌里克遗址年代

我们有理由猜测,这些琐碎的记载发生在这些住宅被遗弃前不久。因此我们认为丹丹乌里克住宅区大约在8世纪末被废弃。当然,个别建筑废弃的时间可能更早。值得注意的是,在丹丹乌里克发现的大多数钱币都佐证了我们的推测。除了中国汉朝发行的一些无文字铜币以外,其他钱币都是唐朝钱币,最晚的钱币上印有开元年间(公元713—741年)的标志。

在随后的挖掘中,我们根据两块写有非印度语言中亚婆罗米文草书铭文的小木板,和写着同样文字的纸质文件和一些汉语文书,识别出类似的古代遗迹。发现这些物品时,我几乎可以确定其他地方有更多古文字材料在等我。

1月3日,丹丹乌里克的勘测全部完成。我们从和田出发时,沙漠的寒冷冬天也同时到来。逗留丹丹乌里克期间,夜间温度常常低至零下10华氏度[42],而在白天,由于常出现多云天气,阴凉处温度都在零度以下。但很幸运,古代果园中的枯树可以作为燃料,且数量充足。我的队员不仅要受冻,饮用的水质也十分恶劣,唯一的水源距主遗址约1.6公里,是队员们在一处洼地挖出的盐井。我在离开这个荒凉地区之前,向北穿过越来越高的沙丘,来到吐尔地告诉我的另一处古遗迹,"寻宝人"称其为热瓦

---

[42] 约零下23.3摄氏度。——译者注

克（*Rawak*，"高楼"）。约 11 公里之外，我发现两处离得很近的土堆，受严重侵蚀。土堆用坚硬晒砖建成，可能是小佛塔遗迹，显然已被多次挖掘。沙丘之间的低地上有许多散落的陶器，其中有汉朝古钱币。第二个佛塔遗迹相对较大，高约 7.6 米，遗址中只有一座用木材筑成的建筑，这并不令人惊讶。建筑墙面受到了侵蚀，只保留了地面以上几英尺高。我们在建筑中找到了一块保存完好的木板，刻着前面提到过的非印度语言婆罗米草书文字。

许多迹象表明，我们在热瓦克发现的群落被遗弃的时间可能早于丹丹乌里克遗址。由于塔克拉玛干许多地区的独特地貌都与沙丘的移动有关，未经长期系统的研究，无法就沙漠整体向南移动的速度得出任何结论。这触及到了另一个地理兴趣点，我们的勘探并不能证明历史上的克里雅河流域为现存流域向西延伸，也不能证明丹丹乌里克被遗弃是因为河流转向到现在的河床上。简言之，从地质学的角度看，灌溉丹丹乌里克土地的水源可能是一条运河的分支，我后来确定，这条河流从策勒（Chīra）和固拉哈玛（Gulakhma）山溪开始，流到遗址正南方的沙漠地区，水源消失的时间甚至晚于丹丹乌里克被遗弃的时间。

向克里雅行进

1月6日，我在热瓦克遣散了队员，他们要向西回到塔瓦库勒。而我自己带着精减的团队向东南方出发，在最险恶之地行进了3天，到达了克里雅河。丹丹乌里克遗址和河流间的沙丘逐渐呈现出惊人的规模，我们必须要穿过几座连续的巨大沙丘，山口高达60米。在进行其他探索前，我决定先去和田东部区域的中心——克里雅（Keriya），争取获得当地办事大臣的帮助，这是成功进行工作的必要条件。我们沿着结冰的硬河面走了4天，穿过河流沿岸的胡杨树和矮树林，终于到达了绿洲上的克里雅镇[43]。我的和田朋友潘大人已经将我此行的目的告知了当地的驻札大臣孔达罗[44]（Khon-Daloi），孔达罗热心地为开展探测尽可能提供了帮助。

在克里雅的调查过程中，我听说著名的伊玛目[45]贾法尔·萨迪克（Jadar Sādik）朝圣地北边的沙漠中，有一个阔纳协海尔（"古城"）。相关信息极其匮乏，但根据以往的经验，伊斯兰朝圣地的存在说明附近可能有我们感兴趣的更早期遗址。从和田运来矮马后，我一刻也没有耽搁，立即出发了。1月21日，我们到达了小绿洲最东边的尼雅（Niya），这里以前是和田的辖区，

---
[43] 又称木尕拉镇。——译者注
[44] 音译，原文 Khon-Daloi，人名。——译者注
[45] 音译，原文 Imām，阿拉伯语词汇，意为"领袖"。——译者注

直到克里雅成为独立的行政机构。玄奘穿越中国和罗布泊时,也注意到了尼壤城(*Ni-jang*),即尼雅,"瞿萨旦那以为东境之关防也"[46]。

---

[46] 见 *Si-Yu-Ki*,卷二,第 324 页。

在尼雅的发现

我们在尼雅停留了一天，安排供给和劳力，没想到意外获得了古物，恰好来自我要探索的遗址。我的一个随从意外从村民那里得到两块木板，上面写着一种特殊的佉卢文，属于贵霜帝国（Kushana）统治印度西北部时期，因此可以推算是在1—2世纪。一个大胆的年轻人因为好奇捡回了木板，最后因为木板不值钱将其丢弃。近些年，尼雅村民中只有这个年轻人去过伊玛目贾法尔·萨迪克圣地北边的"古城"。我找到了最初发现木板的易卜拉欣（Ibrahīm）来做我的向导，带了足够的劳力和长期挖掘所需的装备，穿过沙漠间尼雅河沿岸的浓密林带，行进了约96公里。1月26日，我们把沙漠中神秘的伊玛目贾法尔圣地抛在了身后，同行者多了十几个健壮的劳工，他们是住在圣地旁偏僻小村庄里的牧羊人和托钵僧。河流在最终渗入沙中前分支，只流到伊玛目贾法尔圣地，由于我们无法通过挖掘获得水源，只能从伊玛目贾法尔圣地携带。幸运的是，严寒仍旧肆虐（1月26日，我测量到最低温度为零下44华氏度[47]），因此携带冰块很方便。我们把矮马留在了伊玛目贾法尔圣地，只带着骆驼继续前行。

---

[47] 约零下42摄氏度。

照片 7 尼雅河佛塔遗址

照片 8 发掘中的尼雅河古住宅垃圾堆遗址（15 号遗址）

尼雅河遗址

  我们向北走了两天，走了约 48 公里，在 1 月 27 日来到了我所寻找的遗址区的南部边缘。接下来三周时间里，我们挖掘了一个至今仍有迹可循的散落废弃聚居地，这片区域南北方向长约 17 公里，东西方向最宽处 7.2 公里。此处在当地没有特别的名称，我们暂时称其为尼雅河遗址。第一晚，我们在一座砖石建筑遗址旁扎营，这是一座半埋在沙中的佛塔，很容易辨认（见照片 7）。第二天早上，我向东走了 3.2 公里，来到一处房屋遗址。一年前，易卜拉欣就是在这里"寻宝"时捡到了那两块写着佉卢文的木牍。他说他在原地留下了更多木牍。让人高兴的是，我一到达木制建筑遗址，马上就发现了许多暴露在外的木牍，还有更多散落在一层薄薄的流沙之下，离易卜拉欣最初挖到木牍的地方只有几米远。此处是一个小房间的西南角，原本放着一个架子或柜子，房间大小 4.8 乘 4.2 米，位于建筑北厢房的其他房间之间。照片 6 是挖掘后的遗址，房间在左侧呈直角的两个厢房旁边。

  这张照片展现了这座建筑和后续我们在此地勘探的其他建筑的建造方式。大量梁打下了基底，上面承着沉重的木柱，横梁和轻型连接骨架把木柱连接在一起，支撑着墙壁和屋顶。连接骨架上固定着一种用灯芯草制成的席子，十分牢固，每一侧都涂着厚度不同的硬灰泥。墙壁裸露在沙外的部分都受到了侵蚀，原本支撑着墙面的柱子已经发白开裂，但仍然高高矗立在地面之上。

最初挖掘出的铭文木牍

我们挖掘的第一座建筑在过去几世纪里一直被沙子保护着，现在沙子大部分流失了，只剩下地板之上 0.9—1.2 米厚。因此，在此发现的木牍文献保存状态良好，这让我很惊讶。在前面提到的小房间里，我们清理出一百多块木牍，大部分呈楔形，长度 17—38 厘米不等，有成对组合的迹象。这类样本中有一些非常完整，仍然保留了线和黏土封印，展现了一种独创的捆扎文献的方法。第二天，我仔细清理了南厢房，长方形木牍的数量大增。在一个约 8 米见方的大房间里，有一个与三面墙相连的凸起灰泥平台，平台上铺满了各种尺寸的木牍。大部分木牍是长方形的，有的很长（高达 76 厘米），形似棕榈叶古本。楔形板和长方形木牍边缘凸起，曾有适配的盖板（即一种信封），内部写着佉卢文，文字与木牍长边平行。此处（4 号遗址）和另一处建筑（5 号遗址）中发现的一些长方形大木牍上有竖栏文字，排列方法类似杜特雷依桦树叶古本中的韵文。其他木牍上有不连贯的惯用语和备忘录，是不同的人在不同时期写成。我们在 4 号遗址许多木牍上发现了红色圆点的痕迹，类似印度崇拜中的吉祥朱砂痣，在丹丹乌里克圣地遗址发现的古本碎片和其他还愿供品中也有类似的痕迹。这些发现和其他迹象使我倾向于认为挖掘的第一座建筑可能是佛教建筑，其中较大的房间（4 号遗址）可能是祝祷场所。可惜此处的保护沙层只有 0.6 米厚，除了平铺在地上的材料以外，其他材料都已完全腐烂。在南面的中央，凸起的平台上堆着许多木牍，说明此处有特别的宗教用途，墙面也已腐烂，只剩下地面之上几厘米高。

遗址侵蚀

站在附近小沙丘上拍摄的遗址照片展示了遗址建筑受侵蚀的程度。建筑所在小高地比周围地表高出 3.6 到 4.5 米，这一定是建筑周围受侵蚀造成的。建筑残骸所覆盖的带状土地维持了原地表高度，旁边只有黄土的裸露地表却因为风力侵蚀越来越低。这个区域的流沙目前不足以填埋因此而造成的洼地。高原北部斜坡上的沉重木材碎片是原始建筑的一部分，因下层土壤受到侵蚀，建筑已完全坍塌。

在初始挖掘点西北边 1.6 公里左右的地方，我发现一个大型居住群，这个居住群展现了风沙侵蚀带给遗迹的风险。一个大约 152 米见方的区域中，遍布古房屋的木材残骸。但由于此处沙丘只有几十厘米高，处处都受严重侵蚀，保留下来的墙壁很少，墙壁之内房间里的东西就更少了。尽管如此，我们还是在离遗址中心不远处的独立房间（遗址 N.v.）里发现了铭文木牍。地板上覆盖的沙层只有 15 到 30 厘米厚。此处严重暴露在环境影响之下不受保护，因此我们找到的 50 块零散木牍大都干枯褪色，书写痕迹也已褪去。剩下的虽然极度弯曲易碎，但还是可以看到上面写着佉卢文字。发现最多的是长方形木牍，长度较长，其中一片（不幸已完全褪色）尺寸相当大，长约 228.6 厘米，宽约 11.4 厘米。

废弃住宅遗迹中的古家具等

接下来发掘的是两座大宅院，因埋在沙层深处，所以保存更完好，位于佛塔正南方 5.6 公里处。从房间的大小和数量判断，其中一座（遗址 N.iii.）一定曾是权贵的住所，里面的家具展现了当时的手工业艺术特征。在我们发现的木雕装饰品中，附图 13 的这把椅子所含信息最丰富。椅子的部件虽然已经散了，但在沙层下离得很近，很容易拼接。椅子的装饰基调与犍陀罗古国的尤苏夫扎伊佛寺（Yusufzai）和斯瓦特佛寺（Swat）中的浮雕一致。由此可推断出椅子的年代与写有佉卢文的木牍年代一致，木牍散落在各个房间中，上面的文字是备忘录和清单。在其中一个房间里，我们发现了椅子扶手碎片和其他家用工具的碎片，全都是木制，由此判断这里曾是储存室。另一个大房间保留了完整的巨大横梁，长 12 米，曾支撑着屋顶，显然是一个宴会厅。挖掘出的灰泥墙上画着精美的壁画，壁画中有莲花花环等图案。在房间中心的壁炉旁，我们发现了彩色毛毯碎片，类似印度棉毯"杜丽"，似乎曾作为地毯使用。附图 12 展示了这种古纺织工艺品碎片的一小部分。

在清理 274 米之外的另一间大宅院（遗址 N.iv.）时，我们发现了同样有趣的家用物品和各种形状的木牍。其中有木椅腿和木椅扶手，雕刻着精美的狮子和人头兽，保留了颜色的痕迹；一把一端破损的六弦琴，很像现代新疆流行的热瓦普，琴弦仍然完好。由此可看出，诸多世纪以来，此处流行的一些艺术形式几乎没有变化。

古果园

　　住宅外的果园与花园布局仍有迹可循，了解此处布局并不费力。一排排倒下的白杨长达 15 米，一半埋在沙中，表明此处曾是林荫大道，就像如今新疆的村庄里，运河沿岸和道路沿涂都种着白杨树。灯芯草栅栏做围墙环绕着的地方就是古花园区域。古树干干枯，伸出沙外几十厘米，为我挖掘的工人认出这些树里有桃树、李树、杏树、沙枣树、桑树等，都是他们在家乡见过的果树。我们在房间中发现的物品特征和状态显示，最后的居民在离开时带走了所有值钱的物品，或者在他们离开后不久，有人拿走了所有值钱物品。我只能把希望寄托在留下的垃圾堆里，希望那里会有考古发现。

古垃圾堆中的发现

在我选择挖掘的下一座建筑里,有一个真正的垃圾堆,此处有意料之外的发现。在一次勘探中,我在"佛塔营地"的正北边约 6.4 公里处,发现一座受侵蚀严重的小建筑。刮去房间里地表的一层薄土,就能发现十多个刻着佉卢文的木牍。在对这个房间(遗址 N.xv.)做过系统挖掘之后,我们发现一堆整理过的废弃物,在原地板之上 1.2 米处,见照片 8。在散落着陶器碎片、稻草、毛毡碎片、编织物碎片、皮革碎片和其他垃圾的土层中,我们发现了 200 多件木牍,有各种不同的形状和尺寸。其中大多数是刻着佉卢文的木牍,还有许多写着汉字的窄木条,比如附图 6 中的两件[48]。

---

[48] 由于复制时出了差错,附图 6 中的窄木条上下颠倒。

皮革上的佉卢文

这堆异常丰富的垃圾中还有另一种文字材料,这种材料出现在有印度佛教文化的地方并不奇怪。我们发现了大约两打写着文字的皮革,大多有日期,是官方文件,表明这个地区的佛教徒和古克什米尔虔诚的婆罗门教徒一样,并不反对将皮革用于书写,古克什米尔的婆罗门教徒就把梵语法典写在皮革装订的书页上。附图11展示了其中一份皮革文件,既有原始折叠状态,又在掩埋几世纪以后重新被打开的状态。文件用黑色墨水写成,大多数地方墨水看起来还十分新鲜。我们还在同一个垃圾堆中发现了一只古代的笔,用柽柳木(见附图7)制成,让我们能够进一步了解当时文员的工作状态。笔上的骨节可能曾被当成磨棒用。

佉卢文木牍的设计

N 15 号遗址（遗址 N.xv.）出土的许多佉卢文木牍保存状态良好，保留了完整的原始黏土封印和装订线。因此我们能够确定用木材书写所需的技术细节。楔形木牍大部分用于简短的文字沟通，附图 7 完整呈现了样本。这里的木牍似乎总是成对出现，由两片尺寸完全契合的木牍组成。组成的双层木牍一端被裁成正方形；另一端的两片木牍上都钻了串孔。底板的光滑正面是书写文字的地方，内容受上板或盖板保护。文件内容长到写不下的时候，会继续写在盖板的反面。不论写在哪一面的文字，都与木牍长边平行，文字从正方形一端开始，由于佉卢文从右向左书写，因此文字也从读者右侧开始。盖板正面的右侧特别厚，上面整齐切割出一块正方形槽窝，用于放置黏土封印。装订线的设计很聪明，装订线穿过串孔在右端拉紧，固定两块木牍。装订线固定在右端的细槽里，连接印槽，见附图 9 中的楔形木牍。

楔形木牍的装订

封土压在槽窝里，覆盖装订线末端和凹槽之上的几处褶皱。因此，除非打破封土，或者切断装订线，否则无法分开盖板和底板。正如附图 7 中展示的双层木牍（N.xv.137）一样，如果在串孔附近切断装订线，就能从封印下方的装订线褶皱处滑出底板，读取上面的文字。只要封印下方的褶皱没有被切断，就可以再用装订线暂时扎紧两片木板，这是此类文件归档的明显优点。有的木牍显然受到了特别照顾，采取了双重保险检验两片木板是否被打开，即在穿过钻孔的装订线处，再盖一个印章。附图 9 的木牍（N.xv.71）中可以看到这样的做法。左端红色圆形硬黏土封印仍然连接着盖板和底板，但右端的主封印已被打破，装订线未系紧，所以可以滑开两片木板，就像扇骨一样，方便阅读。此处简述的方法可以确保木板里面的内容在未经允许的情况下不会被查看。如果盖板正面右侧的文字包含姓名或地址，那盖板就可以被看作是现代的信封。另一方面，我们发现在底板反面的左侧，通常有不同笔迹写的条目，如 N15 号遗址的 137 号文物（N.xv.137，附图 7）中底板背面较淡的墨水痕迹。这是不是收信的官员在处理原始文件时做的一种"标记"？

长方形木牍的"信封";装订方法

　　N15号遗址（N.xv.）中发现的长方形木牍的装订方式更为巧妙。此处发现的许多长方形双层木牍都相当完整，在这些双层木牍中，底板每一侧的边缘都高出一些。盖板完美嵌合在凸起边缘中间的凹槽部分，盖板正面中心加厚的地方有一个正方形或椭圆形的凹槽，用来放置封土。一根装订线横穿过两块木板，固定在封土下，防止有人未经允许打开和阅读写在两片木板内的文件。附图10中的双层木牍（N.xv. 166）装订线被切断，其余部分都完整，图中展示了木牍被打开前和被打开后的样子。附图9中的196号文物（N.xv. 196）是一个双层小木牍，保留了原始的装订方式，从未被打开。330号文物和167号文物（N15号遗址）是长方形双层木牍的"信封"，并未发现或并未确认匹配的底板。附图8展示的是其他遗址中发现的底板，没有匹配的原始"信封"。值得注意的是，无论是"楔形"还是长方形木牍，用于制作的木材都是当地常见的一种白杨。相比之下，只有很小一部分佉卢文写在小柽柳木片之上。小柽柳木片只是标签，制作工艺要粗糙很多。

解读佉卢文献

在尼雅河遗址的各建筑里，发现佉卢文木片 500 余件，和上述皮革文件一起，为研究文字和内容提供了充足的材料。但由于笔记是草书，语言和文件性质具有特殊的难度，完全解读需要大量时间和耐心工作。在发现这些古物时，我只是粗略查看，随后旅途中很少有休息时间查看。抵达欧洲后，注意力被许多艰难的任务占据，没能留下空闲做必要的补充。我们解读了频繁出现在楔形木牍和皮革文件开头的惯用语（*mahanuuva maharaya lihati*，对应的梵语是 *mahānubhāvo mahārājo liphati*，意为"玛哈拉雅殿下书"，参照附图 7、附图 11）；许多长方形木牍（参照附图 8、附图 10）上的词语 *samvatsare...mase...divase* 和佉卢数字一起出现，意为"……年……月……日"，指明了日期；还有 *putrasa*、*pramane*、*prathame* 等单词，表明这种语言是早期普拉克里特语，或许还混合了大量梵文词汇。文件开头有惯用语、日期，文件经过精心捆扎和封印，还有其他我们无法一一描述的特点，说明许多双层木牍中包含通信内容，可能是私人信件，也可能是官方信件。其他文件可能是协议、债券，诸如此类的文件。我们猜测宗教文书和供奉记录等都在形似印度棕榈叶形抄本的长方形木牍中，发现于神龛或寺院这类地方。从各种建筑中发掘出的大量各类"纸"（用了一个超前词汇）上频繁出现佉卢文数字，可能包含备忘录、账本及类似的商业文件。

佉卢文献的历史意义

可想而知,这些文献具有重大的历史意义,对研究也十分重要。鉴于文档性质和丰富的内容,这些历史文档一定会揭示中亚历史早期生活和文化中意想不到的方面,这是迄今为止当代研究所渴求的。许多木牍上都标有准确的日期、年份,标记着统治者的姓名和年号,〔参照附图 8 中的 N17 号遗址 2 号木牍（N.xvii.2）和附图 10 中的 N15 号遗址 166 号木牍（N.xv.166）。〕对历史编年有极大价值。我详细记录了在 N15 号（N.xv.）古垃圾堆中发现的每一块木牍的深度和挖掘顺序,帮助确定统治的演变。要对其他历史细节做出更详细的解释需要更长时间的研究,但我们对文化的起源和年代已经有了结论。出土的绝大多数文件使用的是印度语言,并且大多具有非宗教特征,这与地方古传说高度一致。在传说中,和田领土早期曾被旁遮普西北部的移民占领并殖民。

旁遮普移民的传说

玄奘在和田听到的传说[49]与柔克义(Mr. Rockhill)《佛陀传》(*Life of the Buddha*)中的古藏文对和田的描述一致,塔克沙西拉(Takshaśila,希腊语中的 Taxila)附近的部落曾被阿育王驱逐到雪山北面。如果在古和田领土周边的聚居地能发现用旁遮普语写成的文件,或者阿育王时期之后的钱币,那我们就可以相信这个传说背后也有历史事实,并且还可以确定佉卢文抄本是历史上以塔克沙西拉为中心的区域特有的抄本。无论是语言还是文字的传播,都不能仅仅用佛教的传播解释,而现有的证据表明,佛教只是把作为宗教文字的梵文和婆罗米文传播到中亚。

---

[49] 见 *Si-Yu-Ki*,卷二,第309页。

佉卢文献年代推断

至于年代的问题，我们在尼雅河遗址发现的文书与贵霜帝国或印度塞西亚王时期的佉卢文铭文的文字学特征接近，这成了一个重要标准。公元1—2世纪，贵霜国王和印度塞西亚王统治着旁遮普和喀布尔，这一时期内，该地区使用的文字是佉卢文，此后佉卢文的使用就终止了。佉卢文不可能在贵霜时期以后才传到和田，也不可能在和田沿用至今，却没有任何可察觉的变化。另一方面，我们要记住，从公认的古文字学准则看来，用墨水书写的文书有一定草书特质，时期早于石刻或铜刻上的铭文。从这些角度思考，我们可以得出一个可靠的结论，现在发现的文件大约属于贵霜帝国统治印度西北部的时期。幸运的是，一项发现提供了宝贵的证据。从15号遗址往西北方向4.8公里处，在深深埋入沙中的宅院里，我们挖出一块窄木板（N.xx.1），木板的一面写着简短的普通佉卢文。但我没有想到，在另一面发现了3行婆罗米文字，这是尼雅河遗址发现的唯一一个此类文字样本。虽然两面的墨水都已模糊不清，难以完全辨认，但根据仍然清晰的部分，我们可以辨认出贵霜时期婆罗米文字的特征，这绝不会错。我猜想两段文字写于不同时期，但木牍外表和其他部分没有任何证据可以证实我的猜想。因此，如果一面书写的婆罗米古文字信息和另一面所写的佉卢文信息完全一致，这将会是对现有纪年结论的强有力的佐证。

除了小部分皮革以外，所有文书的书写材料都是木材，证明木牍年代久远。印度的早期文本证明，在纸张传入前，中亚大多盛行用木板书写，因为棕榈叶和桦树皮不易获得。霍恩雷博士所管理的藏品中，有库车发现的各种纸质抄本碎片，从上面的日期判断，新疆地区使用纸张书写至少是4世纪以后的事情。但我们在尼雅河遗址中一个碎纸片也没有发现。

钱币和其他发现

在此处发现的钱币证明，这个古居住群在我们所处的年代早期就被遗弃了。在我逗留期间，整个遗址区域范围内发现的大量钱币都是汉朝铜币。我们在受侵蚀的地面中挖掘出的印章、金属装饰品和其他小物件里，没有一样东西来自汉朝之后。附图13展示了部分物品，即两个黄铜印章（C，G）、一个石印（J）、一个象牙骰子（D）、一个镶嵌水晶的镀金装饰品（F）和一个喷漆的黄铜箭头。

木牍上的古典印章

即使是在偏远的和田，我也发现了受古典艺术影响的踪迹。我有充分理由猜测，古典艺术通过巴克特里亚、犍陀罗国和印度西北边境接壤处传播。但即使是在这些区域，也极其缺乏能够准确确定产生影响的年代的材料。因此，我们对此处找到的众多木牍上仍然完好的封土产生了特别的兴趣。有一个封印图案频繁出现，可能是官方封印（见附图10，N.xv.166，虽然不够清晰），封印上是拿着盾的帕拉斯，即智慧女神雅典娜。另一个封印（见附图9，N.xv.330盖板）上是一个精心塑造的裸体形象，我倾向于认为是坐着的爱神厄罗斯。在其他的封印上（例如N.xv.167和N.xv.71）有单人的头部肖像，做工粗糙。正如在约特干遗址发现的做工类似的石雕一样，我们无法确定印章是在和田领土上雕刻的，还是希腊艺术从西方或亚洲其他区域传播到这里。15号遗址（N.xv.167）中有两个并排的印章，一个是希腊艺术，另一个雕刻精细，有中国艺术特征，表明此地既受到远东地区影响，又受到远西世界的影响，而和田的地理位置和政治联系为此提供了便利。

关于此次挖掘出土材料的研究，还有许多关于古群落经济文化情况的问题要说明，初步报告的篇幅无法满足。初步报告中也无法详细描述后期在此处挖掘的遗址。我们连续工作了几乎三周，期间不断转换营地，终于成功清理出了沙下能找到踪迹的每一座建筑遗址。勘探区域穿过环绕在遗迹北面的高沙丘，又推进了几公里，没能再发现任何古遗址的踪迹。因此，我才能在2月14日不留遗憾地离开了这片出土了大量古物的迷人遗址。持续的严寒使我们的工作增加了难度，但也让我们能够继续携带赖以生存的冰块。我在尼雅时听说车臣（Cherchen）东面的沙漠里有遗迹，因此决定下一站去车臣。去往车臣最短的路线需要穿过沙漠中没有水源的地方，因此我们必须在解冻期来临之前到达车臣，否则就无法携带冰块，这是最便利的运水方法。

安迪尔古城遗址

向伊玛目贾法尔·萨迪克圣地正东方行进了160多公里，我们穿过沙漠，到达了安迪尔河踪迹消失的地方。又往东南方行进了一天，我们安全抵达安迪尔古遗址，我的向导并不熟悉此地，只知道这是"安迪尔古城"。我在这里发现了一座废弃的佛塔，被布满破碎陶器和类似废弃物的"塔提"区围绕。东南方向2.4公里处有一个建筑群，用晒砖和木材制成，外围环绕着直径129米的圆形围墙。围墙原本由坚实的黏土筑成，高约5.3米，外面围着高约1.6米的砖制栏杆，只有南面部分保存了下来，别处有一些风化严重的碎片。但城墙有助于将许多流沙保留在封闭区域内，显然也保护了建筑。

照片9 安迪尔内殿遗址（发掘后）

093 安迪尔古城遗址

照片 10 安迪尔建筑遗址

照片 11 喀拉墩四合院遗址内部

一个新的劳工队伍从最近的常居地尼雅来到安迪尔遗址，及时到达，没有耽误挖掘工作。之前的工人被派往一座正方形建筑，建筑的木柱位于区域中心，露出沙外一点。这表明此地正如我所猜测，是一个寺庙的内殿，风格同我在丹丹乌里克挖掘的寺庙一致。照片 9 中的寺庙内殿呈正方形，边长 9 米，中心区域有一个巨大底座，底座上原本有 4 件坐着的灰泥雕像，我推测是佛像。内殿四角有真人大小的雕像，也用灰泥塑成，腰部以上全部破损，但衣袍上仍保留了一些鲜艳的色彩。在这些雕塑脚下，六边形底座的周围，有许多纸质抄本页，显然是人们祈祷用的供品。这些抄本中有无数梵文碎片，都关于佛教崇拜，用大约 5 世纪的婆罗米文清晰写成。抄本形状与普通印度典籍一致，中间已经断裂，有可能是因为折叠而破损，也有可能在"寻宝人"的挖掘过程中被破坏。我读出的页数有 46 页，其余碎片小心保存在玻璃板下，从中还可以修复出大约二分之一的原件。

安迪尔遗址发现的古本

此处还有一个非常奇特的发现,是一小堆紧密堆放在一起的纸卷,保存得相当完好,高约10厘米,厚1厘米多。经过大英博物馆抄本部的亨特先生(Mr.Hunt)耐心精细地处理后,展开了四页文稿,见附图15[50]。和所有的梵文抄本一样,纸页两面写的都是众所周知的中亚婆罗米文。所用语言并非印度语,也许和在丹丹乌里克发现的抄本用的是同一种语言。此外,在放置供品的地方,还发现了若干写着中亚婆罗米文草书的小纸片,也并非印度语,另外还有少数写着汉字的碎纸片和彩色小画。

---

[50] 边缘的阿拉伯数字表示卷轴中的书页顺序。最后两页,或者说卷轴最内部两页,被发现时是倒置的。

藏文古本

在内殿别处，除了一些小碎片以外，还发现了总共大约两打藏文书页，我对此十分感兴趣。藏文写在一种特别的纸上，纸张有韧性，颜色偏黄，单面书写，容易辨认。除了三张写着潦草文字的单页以外，所有藏文书页和碎片似乎都属于同一部古本典籍。附图16中的两张书页曾是古本的左半部分和右半部分，虽然不一定属于同一页。这些古本都放在不同的雕塑前面，或放在中心底座上，显然是故意为之。为了尽可能供奉更多神像，抄本的原主人把古本从中间切断，然后把书页分散放置在整个内殿。大英博物馆东方古本部的巴尼特先生（Mr.Barnet）初步查看了抄本，根据他提供的信息，这个风格独特的古本内容主题是佛教的形而上学。

内殿墙上大量涂鸦和一些汉字表明有来自西藏的朝圣者。寺庙东边一座大砖砌成的建筑厅堂的墙上也有此类涂鸦。此外，我们在各种雕像底座旁捡到大量丝绸编织物碎片，有的碎片上有复杂精细的图案。这些编织物显然是祈福的供品，如今在中亚和印度的朝圣地仍可见到。

上述提到的大建筑（见照片10）部分裸露在沙外，其巨大的墙壁占据了一个约30米见方的四方院子的三面。从房间的尺寸看来是公共空间，但没有发现任何证据证明建筑的真正用途。在围墙环绕的区域中，我们清理了几幢用木材和灰泥建造的小建筑，但也没有发现任何可以帮助确认遗址年代的物品。根据我们在寺庙内挖到的古本和雕塑遗迹特征，以及废墟周边只发现了汉朝钱币的情况来看，我倾向于认为，安迪尔遗址的废弃时间早于丹丹乌里克遗址。现存建筑可能属于一个堡垒，守卫连接尼雅和车臣的古道，古道在现存道路偏北处。

向克里雅和喀拉墩前进

藏文的出现说明安迪尔是我计划进行考古探索的区域的最东端。我们对佛塔做了仔细测绘,这个佛塔和尼雅河遗址的佛塔一样,很久之前就已遭挖掘。测绘后,我在2月26日踏上向西边的返程。去克里雅的路途长达289公里,几乎完全在沙漠中行进。经过7次急行军,我们才到达目的地。孔达罗注意到了我在他所在辖区的行动,多亏了他友好热心地为我提供帮助,我在停留的2天里准备好了新的运输牲畜、供给和劳力。下一个目的地是克里雅以北241公里左右处,沙漠中的一处遗迹,斯文·赫定在沿克里雅河探索时曾短暂到访此处。和田"寻宝人"中只有吐尔地到过这里,从他的描述中,我得知此处所谓的"古城"遗迹非常少。但我也不想落下这几处。从克里雅出发后的第七天,我们在艰苦行军后到达了这处遗迹,在克里雅河畔放牧的游牧民称其为喀拉墩(Karadong)。春季的强风已经到来,我们到达的那天,遇到一场真正的沙尘暴,此后逗留在喀拉墩的日子里,每天都会遇到不同强度的沙尘暴。

喀拉墩遗址

　　喀拉墩的主要遗迹是一个废弃的四合院，有泥巴做的院墙，约 71 米见方，里面有一排排木制房间。两座高约 6 米的大沙丘横亘于院子之上，院子里有严重腐烂的木制建筑遗迹，可能是一座古住宅。照片 11 展示了从东北角看到的遗址样貌。我们挖掘了这座建筑，随后挖掘了从东边壁垒延伸过来的大通道，通道上保留了一扇巨大的折叠门。通过挖掘我们发现这座建筑的建造方法比之前挖掘的古遗址粗糙很多。由于受到侵蚀，在环绕的泥土堡垒之上，遗留下来的木制房间遗迹非常少。此处发现了陶瓷碎片、玻璃和金属残片、毛毡碎片和类似废弃物，这些都是以前遗留在此处的物品。通道顶部有一层厚土层，原本是楼上房间的地板，我们在此发现了少数保存完好的谷物。有麦粒、米粒、粟米（本地仍然常见的谷物）、燕麦，除此之外，还有一些用作调味品的根茎，干燥坚硬的大葡萄干。

　　附近发现的十几个钱币都是汉朝铜币，经过了长时间的磨损。除此之外没有发现可以帮助确定遗址年代的物品。我猜测北面有一条古道穿过大沙漠通往库车，但并没有佐证。喀拉墩到克里雅河旧河床间的直线距离只有 16 公里，因此喀拉墩遗址可能曾经是宫殿或驻防，与这条道路相连。虽然遗址东边的沙丘较矮，小片土地上也没有沙子，但发现的陶器相对较少。因此，我怀疑喀拉墩曾经只是路上的一个小驿站。

确定媲摩城遗址

3月18日,我离开了这个荒凉之地,再次回到离现在的居住区更近的地方。出于古文物和地质学方面的考虑,我急于确定媲摩城(Pi-mo)的位置,在玄奘的叙述中,媲摩城在和田王城以东300里处。媲摩城和马可·波罗去过的培恩(Pein)可能是同一个地方[51]。沿着克里雅河往回走了4天,我转向西南方向又行进了3天,到达了拉钦阿塔麻扎[52]附近。拉钦阿塔麻扎位于和田至克里雅路线北边沙漠中,是一个偏僻的小朝圣地。缺少向导和缺乏水资源给我们的勘探带来了困难,尽管如此,接下去的几天里,我还是根据之前得到的信息,在这附近找到了大量遗迹。这个布满残骸的区域被当地人称为"乌赞塔提"("遥远的塔提"),位置和特征都与对媲摩城的描述完全一致。由于受到严重侵蚀和"寻宝人"的破坏,建筑遗迹极其匮乏。但有大量古物残骸,包括玻璃、陶器、瓷器、黄铜和石头制品等等,证明这个遗迹至少直到中世纪才被遗弃。

---

[51] 见 *Si-Yu-Ki*,卷二,第322页,和毕尔的注释,ib., 第324页。
[52] 音译,原文为 Lachin-Ata Mazar。——译者注

种植区的变化

我仔细查看了附近区域的种植环境,种植活动沿着沙漠边缘持续至今,从古文物角度看很有启发性。我了解到,由于难以将灌溉水引到足够远的地方,在现居民的记忆中,达玛沟伯克(Domoko)和固拉哈玛(Gulakama)伯克的一些村庄种植区域已经向南转移了9—12公里。我们现在仍可以看到坍塌的古村落宅院遗址和曾经围绕在四周的土地,但已经没有任何有用的材料。在被沙漠再次慢慢覆盖的几公里土地上,干涸的运河河道和分隔土地的小路堤等都清晰可辨。根据当地的传言,在和田到克里雅间的沙漠边缘的小绿洲上,耕地面积前后发生过多次变化。

3月29日,我在固拉哈玛第一次看见了绿色的耕地和果园,我把队伍的主力军都派去了和田,自己赶回克里雅向驻札大臣告别,他为我们的冬季工作帮了大忙。赶往克里雅再回到和田总共耗费了6天时间,最后一天,我去了杭桂(Hanguya)北面沙漠外围广阔的残骸区。我们在此处频繁发现古钱币,在占地数平方公里的"塔提"中间,我还发现了一个佛塔遗址。

阿克斯皮尔古遗址

日间升高的温度和反复出现的沙尘暴提醒我，很快就要进入难以继续在沙漠中工作的季节了。因此我加速前往和田东北边沙漠中有待探索的古遗址。4月7日，我向阿克斯皮尔（Ak-sipil，"白墙"）遗址出发。阿克斯皮尔坐落于高沙丘之间，离和田对面的玉龙喀什河右岸24公里左右。在行进中，我在靠近种植区域边缘的地方勘探了小村庄塔木格尔的遗址，在此处的"文物层"中发现了一些金叶子，还有古钱币、古陶器等等，挖掘状态和约特干完全一致。但此处被挖掘的次数不多，因为水资源匮乏，也无利可图。我注意到，古物层之上的土层高达3—5.4米，有明显的分层痕迹，我认为是淤泥沉积造成的。在阿克斯皮尔遗址，最显眼的遗迹是古堡垒的部分壁垒和栏杆。有几个欧洲旅行家都注意到了这个遗址，但只有格雷纳德出版的杜特雷依笔记中有关于这个地方的可靠数据。我们的测绘结果显示，现存遗迹长达约110米，是圆形城墙的一部分，原城墙内区域直径约305米。这里和安迪尔遗址一样，城墙的低矮部分由硬黏土筑成，硬黏土之上建有2.4米厚的护墙，用大砖块造得十分结实，此处应该有相当多古物。离废弃堡垒不远处，沙丘之间的空地上遗留了大量汉朝钱币和一些小古物，比如印章等。我找到的物品似乎都说明此地很早就被遗弃。西南面约2.4公里处叫克格里克（*Kighillik*），由巨大的古沉积地（*Kighik*）沉淀而来，我在此处发现了大量小浮雕碎片，证明此处是一座古庙。这些浮雕的做工比丹丹乌里克发掘出的浮雕更精细，雕塑材料是一种非常坚硬的灰泥，有明显燃烧过的痕迹。

热瓦克佛塔遗址

4月10日，我离开阿克斯皮尔，在沙漠中朝正北方向行进，大约22.5公里后，到达了一个遗址，吐尔地和他的同伴称此地为热瓦克。有一个惊喜在这里等着我。我的向导只说此处有"一座老房子"半埋在沙中，但事实上，我一眼就瞥见了一座巨大的佛塔，四周环绕院墙。这是到目前为止，我在和田区域看到的现存遗迹里最壮观的建筑。7米多高的大沙丘覆盖了院子，也覆盖了佛塔巨大正方形底座的东南面和西南面。另一边的流沙低矮，表面上可以看见巨大灰泥雕像的碎片和"寻宝人"随意挖掘破坏的痕迹。我从和田绿洲中离此处最近的村庄找到了大量劳力，把他们留在挖掘现场，有了他们，我才没有耽误时间，相对轻松地开始挖掘。虽然周围环绕着巨大的沙丘，但我们还是在离佛塔3公里地以内的一个洼地挖了一口井。

佛塔院子外环绕着晒砖筑成的巨大砖墙，形成一个四合院，长约50米，宽约43米。院子中心是壮观的佛塔底座，分两层，在原地板之上高约6米。由于每一面都有支柱支撑着匀称的阶梯步级，底座的平面图呈十字形，每一根支柱最底层长约29米。佛塔穹顶直径9米有余，穹顶下有一个突出的圆形鼓状物。穹顶西面已遭挖掘，顶部很久之前就已破损，现存石基高约10米。底座四面的中心都有台阶，从院子直通穹顶底部，曾经一定十分壮观。东南面阶梯朝着院子的入口，可以清理出来。底座的侧面部分也曾被挖掘，外面涂着厚厚的一层白色灰泥，原本整栋建筑外可能都涂着这种灰泥。

热瓦克佛塔院子中的雕像

我对遗址的考古兴趣并不在佛塔，而在于佛塔院墙上的装饰浮雕。我在院子的南边角落挖掘，发现了这些浮雕，此处沙层只有 2.1—2.4 米厚，沿着东南方向和西南方向院墙延伸，直到沙丘处。墙壁朝院子的一面和外侧都装饰着一排排巨大的灰泥雕像，雕着佛祖和菩萨。在雕像之间，紧密排列着更小的浮雕，雕着其他神明和圣人。大部分墙上装饰着精心制作的镶嵌板，形成主像上方和周围的光环，此外墙上还有壁画。浮雕原本是彩色的，但除了衣褶外，颜料层都已经剥落，因此灰泥像大部分都是陶土色。

挖掘巨大浮雕

挖掘浮雕非常困难。此处原本有牢固的木制框架支撑着巨大的灰泥浮雕,将其固定在嵌入墙壁的横梁上,或许是由于附近地下土层蕴含水分,现在木制框架已完全腐烂,只留下龋洞。失去了木制框架的支撑,如果再移除保护的沙子,沉重的灰泥雕像就将坍塌。我在热瓦克逗留期间,强劲的风暴增加了佛像坍塌的风险。只有清理时非常小心,拍照后用沙再次掩埋雕像下半部分,才能排除风险。即使这么做也不能完全避免损伤。大多数巨像被发现时都没有头部,可能也是因为雕像的上半部分已经暴露在外很久,没有沙子保护。值得注意的是,我在此处没有发现任何人为破坏的痕迹。这表明伊斯兰教传入此地时,遗迹已经完全被沙层掩埋。

沿东南墙和西南墙清理出土的大尺寸浮雕总数多达 91 件。除此之外,还出土了无数小浮雕,它们组成了光环的一部分。文字描述不足以展示此处古物的丰富,因此我用照片 12 和 13 展示挖掘中和挖掘后的西南面内壁的样子[53]。照片 12 中,值得注意的是巨大雕像上精美的服饰褶皱;照片 13 中,值得注意的是精美的坐佛雕塑和身后更大的站佛的光环,光环中填满了教化菩萨和阿罗汉肖像。由于灰泥极度易碎,运输也非常困难,试图移走

---

[53] 雕塑大小可根据每张照片左侧留出的 0.9 米距离估计。

大浮雕不切实际。但我带走了大量小浮雕和已经剥落的雕塑碎片,没出什么岔子。附图 14 中的一个真人大小的佛头像,以及曾经是装饰光环一部分的坐佛像,就是这次安全带回英国的藏品样本。

照片 12 热瓦克佛塔院内的破损浮雕(发掘中)

照片 13 热瓦克佛塔院内的巨大佛像浮雕和小坐佛(发掘后)

热瓦克雕塑的风格和年代

热瓦克浮雕的风格和大多制作细节与白沙瓦峡谷（Peshanar Valley）和附近区域的希腊式佛教雕塑密切相关，这足以让学者们留心，从而就历史和艺术方面仔细研究。我拍的一系列照片有助于研究工作。可惜我目前掌握的关于印度希腊式佛教艺术的年代学数据有限，不足以得出关于热瓦克浮雕年代的可靠结论。挖掘中没有发现任何碑文，也没有发现任何抄本材料。幸运的是，我们在遗址发现了钱币，可能具有证明年代的价值。我们清理了几个浮雕底座，还有院内一座单独的祈福佛塔，期间不断发现中国汉朝发行的铜币。在此处以及大门旁的墙壁内发现的钱币，都塞在灰泥墙或砖墙的墙洞或裂缝里，被当成许愿钱币。钱币的总数接近100个，大部分保存完好，在用于祈福前也没有经过长期流通。只有当时流通的钱币会被用作许愿钱币，我们也没有发现任何年代更晚的物品，因此我倾向于认为，热瓦克雕塑的年代不会晚于钱币的最晚发行时期。东汉的统治覆盖了公元25—220年，但部分东汉货币的发行似乎一直延续到4世纪末。

到了4月18日，露在沙丘外的佛塔已全部完成挖掘。要想挖掘其他部分还需要几个月的时间，相应也需要更多花费。我们每天都会遇到沙尘暴，温度的上升和强光让我们的工作变得十分艰难，显然已经该撤离沙漠了。我在离开前小心保护了带不走的雕像，重新填上了把雕像暴露在外的沟壕。在我先前得知的和田附近的沙漠遗址中，只剩下扬巴坎[54]没有探索。我找到机会从热瓦克去了一趟扬巴坎，确定这个布满残骸的塔提并没有值得挖掘的遗迹。因此4月19日我启程返回和田时，沙漠中的探索项目已全部完成，这令我十分满意。

---

[54] 音译，原文 Jumbe Kum。——译者注

调查可疑古本和"不明文字"印刷品

在接下来的 8 天里，我一直在和田忙于整理前 4 个月积累的考古发现，将它们重新打包，为接下来的长途旅行做准备。我在上文（见 34 页、38 页）提过，对近几年从和田买到的大量用"不明文字"书写的奇怪抄本和木版印刷品的真实性，我仍存有最后的疑虑，这次在和田停留消除了我的疑虑。经过先前的调查，我高度怀疑这些"发现"的真实性，整个冬季的勘探加深了我的怀疑。虽然遗址中发现大量用各种不同语言和文字（印度婆罗米文、中亚婆罗米文、佉卢文、藏文和汉字）写成的抄本，但我没有发现任何一个用"不明文字"写成的碎片。回到和田后，我与驻札大臣潘大人沟通，表示希望亲自审问斯拉木·阿洪，他是销售这些奇怪抄本和木版印刷品的主要人物，这些物品通过他来到印度，成为了"中亚古物藏品"。几天后，斯拉木·阿洪按时从克里雅的一个村庄策勒（Chira）来到和田，他近期在此处以医者身份行事。大约在 1898 年，由于驻喀什的欧洲人对"古书"的怀疑加深，售卖"古书"的生意日渐惨淡，他就开始从事医师工作。同时，他在和田和克里雅的无知山民间冒充马继业的代理人，管理从印度领地来到此地后被释放的奴隶，以此谋生。就这样，他通过欺诈恐吓勒索钱财，根据马继业的说法，他后来被揭穿，受到了中国政府的惩罚。有趣的是我找到了关于斯拉木·阿洪的一些文件，其中一份是欺诈案中斯拉木·阿洪伪造的官方身份文件。这是一份写于布面的瑞典语报纸，上面有一位在中国的传教士肖像，也就是斯拉木·阿洪所冒充的身份。其他文件包括一些写有"不明文字"的纸张和木版印刷品，还有法语小说的书页。

审问及伪造者的供认

审问是一个漫长的过程，他承认了上述"假冒案"中的罪行，还曾伪造迪西上尉的笔迹以此牟利。但关于"古书"，他一口咬定自己是无辜的。他假装只是在喀什噶尔为和田的某些人做代理销售，而那些人不是去世了就是移居了，斯拉木·阿洪声称，这些人告诉他古物是从沙漠中捡到的，他并不知道真假。他发现欧洲人对这些"古书"非常感兴趣，于是就请这些人搜寻更多古书。但他本人从没去过发现古书的地方。斯拉木·阿洪的自辩最后在反复盘问后败露，这件事情的细节此处不白。他很惊讶我能与他对质，霍恩雷博士报告的详细描述中有斯拉木·阿洪对马继业精心编造的故事，他断言自己在1895—1898年间到过沙漠，发现了这些物品。斯拉木·阿洪明白继续狡辩已是徒劳，且发现自己不会受到更多刑罚后，就和盘托出了。我将他招供的内容与喀什噶尔的购买日期等记录对照，加上我在调查中记录的许多和田目击者的证词，证明他的供词在许多重要细节上都没有错。斯拉木·阿洪的记性很好，他在霍恩雷博士的报告附图中辨认出了他人工制作的"不明文字"古书样本。他在1894年之前，从和田村民处收集钱币、印章等古物，大约在那时，他从阿富汗商人那里听说，印度来的"大人们"认为吐尔地和其他"寻宝人"在丹丹乌里克发现的古抄本真迹有极大价值。于是手里没有"古书"的斯拉木·阿洪构想了这个聪明的计划，比起到从没去过的荒凉沙漠中碰运气，不如制造"古书"。这件事有几个共谋者，其中一位易卜拉欣·毛拉（Ibrahīm Mullah）是主要人物。这位毛拉尤其爱把"古书"卖给俄罗斯人，前面提到的俄罗斯籍亚美尼亚人就是从他手中买到了伪造的桦树皮抄本，不幸的是，斯拉木·阿洪被捕的消息一传出，这人就在和田消失了，我也无法和他对质。

斯拉木·阿洪制造"古书"

1895年，斯拉木·阿洪将第一本制造的"古书"卖给了孟什艾哈迈德·丁（Ahmad Dīn），马继业暂时离开喀什噶尔时，艾哈迈德是驻喀什办公室的负责人。这本书是手写的，显然伪造者在模仿真迹上的婆罗米文，他们中有一人曾在丹丹乌里克发现了一件真迹，伪造工厂早期产出的古书都是模仿这件真迹。这种伪造方法十分粗糙，其结果就是造就了斯拉木·阿洪销售的抄本和古籍中若干"不明文字"中的一种。这类物品在喀什和拉达克被高价收购，刺激了伪造生产。斯拉木·阿洪意识到，即便文字无法解读，也已经有人愿意付钱，那就没必要再模仿真迹。因此，每个伪造工厂都开始自由发挥，创造发明自己的文字。这就解释了抄本中出现的大量种类各异的文字。费力的手写生产过程效率太低，斯拉木·阿洪采用了更简便方法，用一些木版重复压印。准备木版并没有什么困难，因为木版印刷在新疆地区广泛使用，既印刷汉字，又印刷维吾尔文。这种古书的"印刷"始于1896年，霍恩雷博士报告中第一部分描述的45块"木版"就是印刷的一部分成果[55]。还有大量木版印刷的"不明文字"书籍成为圣彼得堡、伦敦、巴黎等地的公共藏品，还有一些到了私人藏家手里。斯拉木·阿洪完整描述了伪造纸张的过程，这些纸张用

---

[55] 见《大英中亚古物藏品报告》（*Report on the British Collection of Central-Asian Antiquities*），1889年，第45—100页。

于印刷抄本或书籍，经过处理做旧。首先将胡杨树树脂"塔格若加"[56]溶于水，把普通纸张染成黄色或者淡棕色，在染色纸张上书写或印刷之后，悬挂烟熏，让纸张有古物的色调。之后捆扎成"书"，粗糙地模仿欧洲卷轴。之后再与大量沙漠中的细沙混合，让书页看起来像是曾长期被埋在沙中。

---

[56] 音译，原文为 *Taghrugha*。——译者注

易辨认的伪造抄本和印刷木版

尽管伪造过程非常仔细,但我在挖掘过程中获得了丰富的经验,很容易区分斯拉木·阿洪的伪造品和抄本真迹。不只是纸张颜色和质地不同,真迹中还有许多其他特点,例如排列方式、保存状态,在赝品中都没有发现。把从斯拉木·阿洪处购得的赝品与丹丹乌里克和安迪尔遗址挖掘出的抄本真迹放在一起,材质上的差别显而易见。除此之外,伪造的抄本上没有任何连续的已知文字,而挖掘中发现的古文书上都有我们原本就熟悉的文字。因此我们不太担心斯拉木·阿洪继续行骗。但因为斯拉木·阿洪的伪造,浪费了学者宝贵的时间和精力,不过这个聪明的无赖已经受到了中国法律的制裁,这令人感到欣慰。

回到喀什噶尔

4月28日,我离开和田镇,去约特干遗址和绿洲西北边的一些地方告别。三天后,我出发前往喀什噶尔。经过连续不断地赶路,5月12日,我赶在旅队之前到达了目的地。印度政府外交部已经为我获得了在俄属土耳其斯坦旅行的许可,并且准许我通过中亚铁路线返回欧洲。考古发现的藏品由我自己带回伦敦,而副勘探员拉姆·辛格带着工具等物品从罕萨返回印度。在中国的旅途中,拉姆·辛格对精确测绘工作提供了极大的帮助,除了应尽的责任外,他还尽力协助我的考古工作,尤其是绘制遗址、建筑平面图等。在艰难的地势上急行军,通常还是在艰苦的气候环境下,总是不可避免会十分疲惫,他却毫无怨言,并且在营地管理上给我提供了宝贵的帮助。我很开心能够公开对他表示感谢。

在喀什噶尔逗留期间,我"遣散"了旅队,为接下来的费尔干纳(Farghana)之旅做准备,并且又一次受到了马继业的热情款待。自我去年秋天离开和田之后,他一直关注着我的考古探索,并提供了许多证据。我此行成功的关键是中国官员的帮助,这也是间接受到马继业爵士的影响和关照。在此,我要对接受的所有帮助表示诚挚的感谢。

穿越俄属土耳其斯坦之旅

在喀什噶尔,我还要与我的骆驼和矮马告别,在这8个月的旅途中它们帮了我很多。我一路中精心照顾骆驼和矮马,在经历了沙漠中所有艰难的行进和露营后,归还给政府时只有轻微损伤。接下来旅途大都由俄罗斯驻喀什皇家总领事彼得罗夫斯基先生(M.PETROVSKY)安排,我这次有幸结识了他。彼得罗夫斯基先生已经在新疆驻扎了很久,对研究新疆的历史和古物颇有学术兴趣,他尽一切力量帮助我保证古物运输安全,并且帮我争取到了俄属土耳其斯坦政府的帮助。5月29日,我从喀什出发,带着12大箱考古发现。虽然阿莱山口(Alai Passes)上仍有大量积雪覆盖,我们还是顺利通过,没有发生意外。在费尔干纳的第一大镇奥什(Osh),我受到了辖区首领柴特夫上校(Colonel ZAITEFF)的接待。安集延(Andijan)是中亚铁路的起点,我沿中亚铁路到达克拉斯诺沃茨克(Krasnovodsk),在省会城市马尔吉兰(Margelan)和撒尔马罕(Samarkand)逗留。这两地的官员十分友好,给了我去当地博物馆参观古物的特别机会,在其他方面也为我提供了帮助。我从克拉斯诺沃茨克穿越里海(Caspian)到达了巴库(Baku),最后在7月2日到达伦敦,将藏品暂时存放在大英博物馆。

藏品在伦敦的初步安排

在印度政府的建议下，印度国务卿批准了为期6周的委派期，让我在伦敦对考古发现的存放做初步安排。大英博物馆在收到我的朋友拉普森（E.J.RAPSON）替我递交的申请后，同意暂时保管藏品，直到最终将藏品分配到大英博物馆本馆、加尔各答博物馆和拉合尔博物馆。在我需要协助的时候，他们也慷慨提供帮助，让我能够清理和保护易碎物品，例如抄本、木板画等等。我们带来的古物和800多张摄影玻璃板上的底片在长期且艰难的运输中只受到了轻微损伤，这让我松了一口气。但是由于物品数量庞大，安置和分类是一项费力的任务。考虑到这点，国务卿将我的委派期又延长了6周，在此表示衷心感谢。有了国务卿的批准，我才能够完成藏品的初步安排，监督摄影记录的冲印工作。在分类工作上，有幸得到我的朋友安德鲁斯（F.H.ANDREWS）的专业帮助，他上一任职务是拉合尔艺术学校的校长和拉合尔博物馆策展人，非常了解古印度艺术。主要在他的努力之下，我们在有限的时间里为整个藏品做了暂时分类。

要完成最终版考古之旅报告，必须要继续仔细研究发现的古物，但我要回到印度做学校的督察员，无法继续进行研究工作。幸运的是，全部藏品可以暂时存放在大英博物馆内，受拉普森照管。因此我可以放心，不会因为过早分配藏品造成报告所需信息丢失。同时，如果专家学者们在进行碑铭或古文物分支学科研究时需要查看这些古物，也可以在大英博物馆里见到。

多亏了印度国务卿的慷慨帮助，这份《初步报告》才能够出版，报告阐明了有待研究的物品有多丰富。我相信这份报告也能够说明，我并没有浪费印度政府慷慨提供的科学考古机会，而且还不遗余力将其发挥了最大作用。

马尔克.奥莱尔.斯坦因

大英博物馆

1901 年 10 月 5 日

附图 1

约特干遗址古陶器
和田

附图 2—1

约特干遗址古陶器
和田（左）

附图 2—2

木板画
丹丹乌里克寺庙遗址（右）
D.vii.5

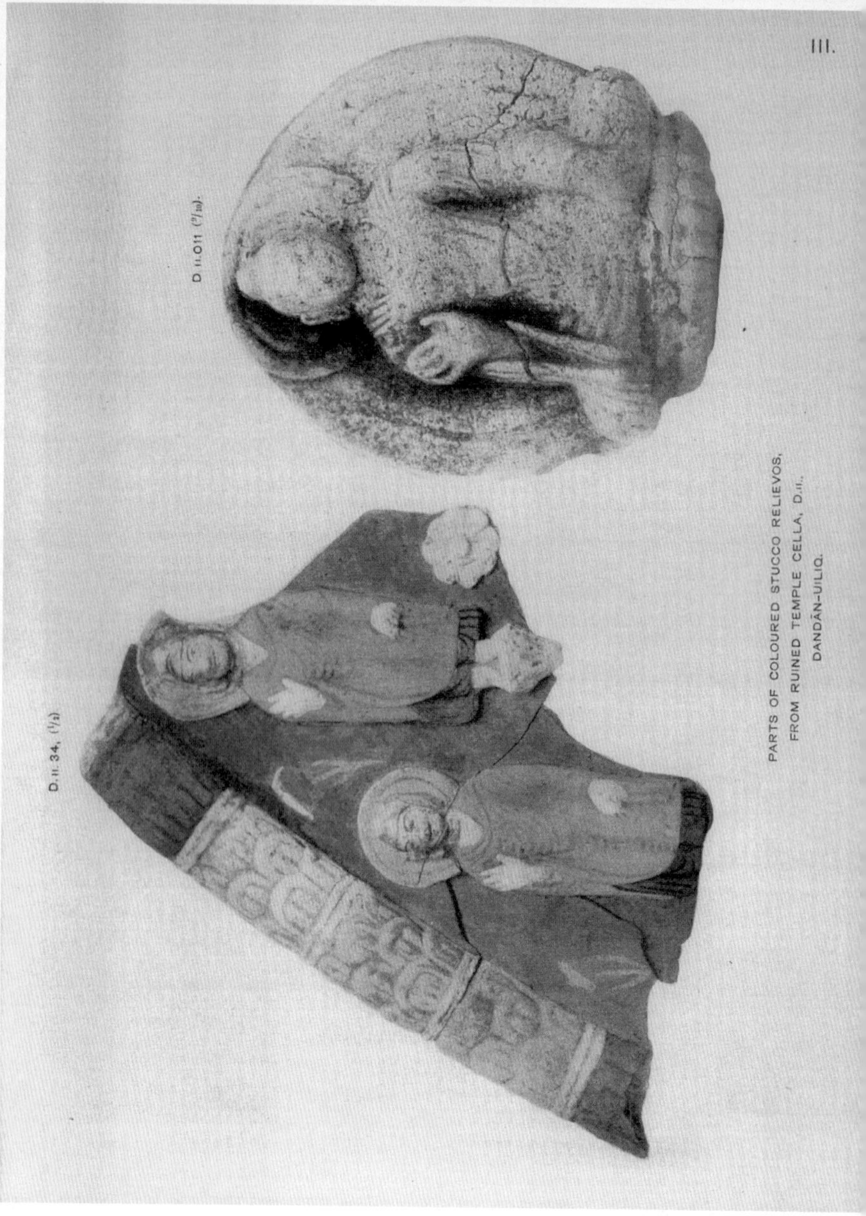

附图 3

部分彩色灰泥浮雕
丹丹乌里克寺庙遗址内殿
D.ii
D.ii.011（上）
D.ii.34（下）

附图 4

壁画碎片及铭文
丹丹乌里克寺庙遗址内殿墙壁
D.ii

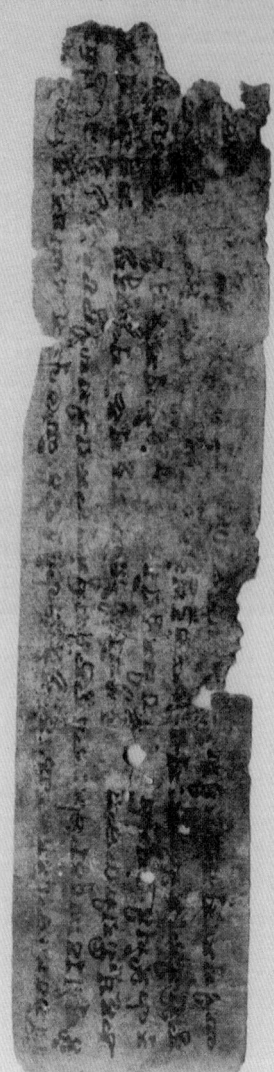

附图 5

正面（左）
反面（右）
丹丹乌里克遗址梵文抄本纸页
D.iii.13a

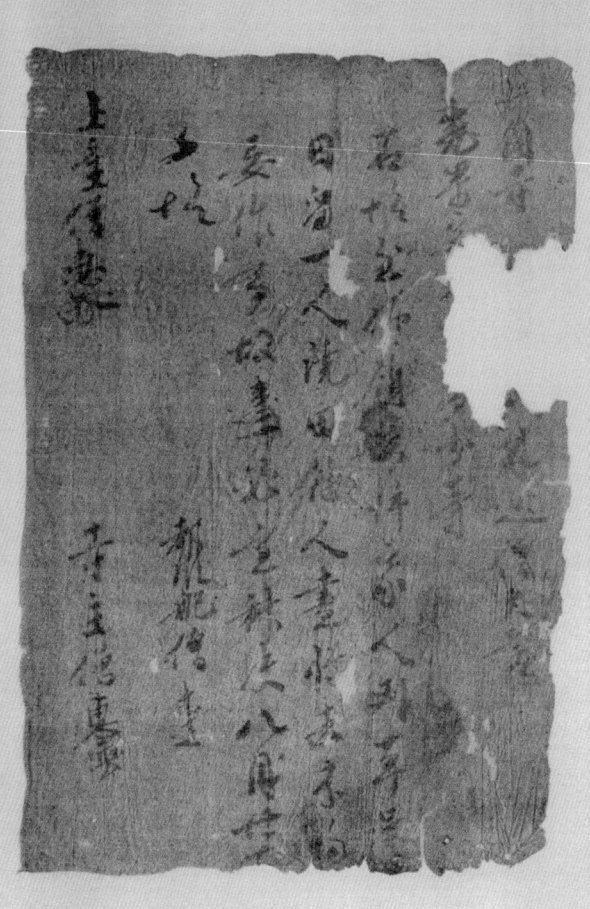

附图 6—1

纸质汉字文献
丹丹乌里克居住区遗址（左）
D.vii.7

附图 6—2

木牍上的汉字文献
尼雅河遗址（右）
N.xv.197（右一）
N.xv.314（右二）

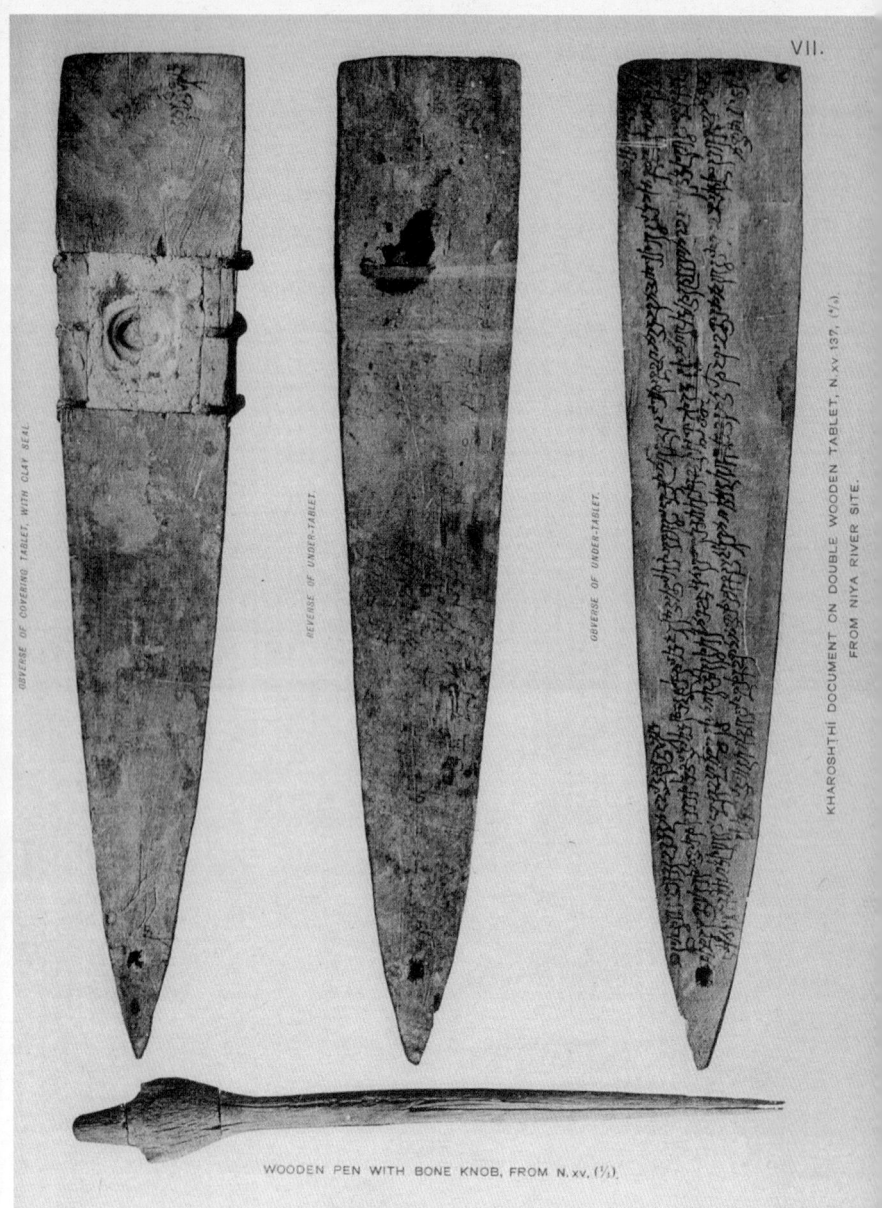

附图 7

有骨节的木笔，发掘自 N15 号遗址（N.xv.）（下）
尼雅河遗址的双层佉卢文木牍（上）
盖板正面及封土（上左），底板背面（上中），底板正面（上右）
N.xv.137

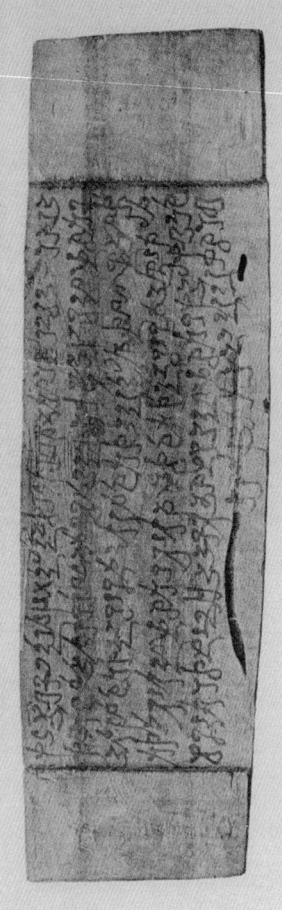

附图 8

尼雅河遗址的佉卢文木牍
N.xvii.2（左）
N.xx.8（右）

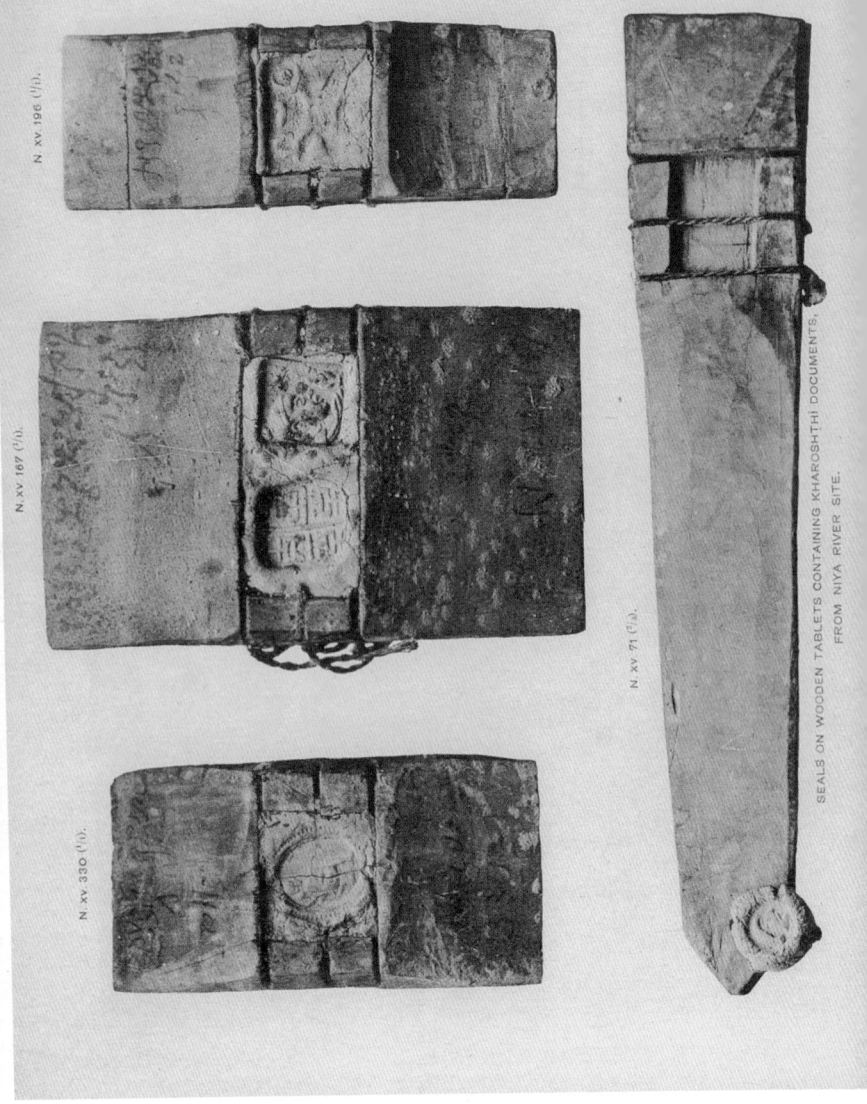

附图 9

尼雅河遗址佉卢文木牍上的封印

N.xv 330（左下），N.xv 167（左中），N.xv 196（左上）
N.xv.71（右）

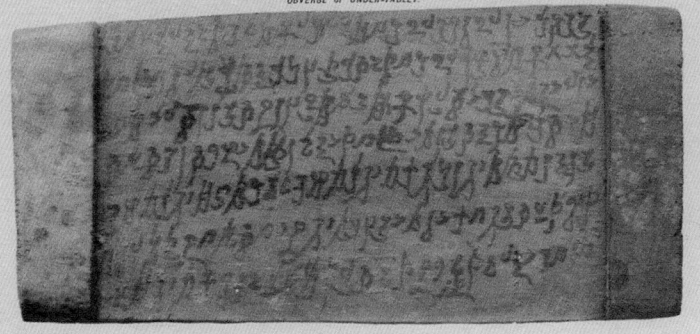

附图 10

尼雅河遗址的双层佉卢文木牍（N.xv.166）

未打开的双板（上），盖板背面（中），底板正面（下）

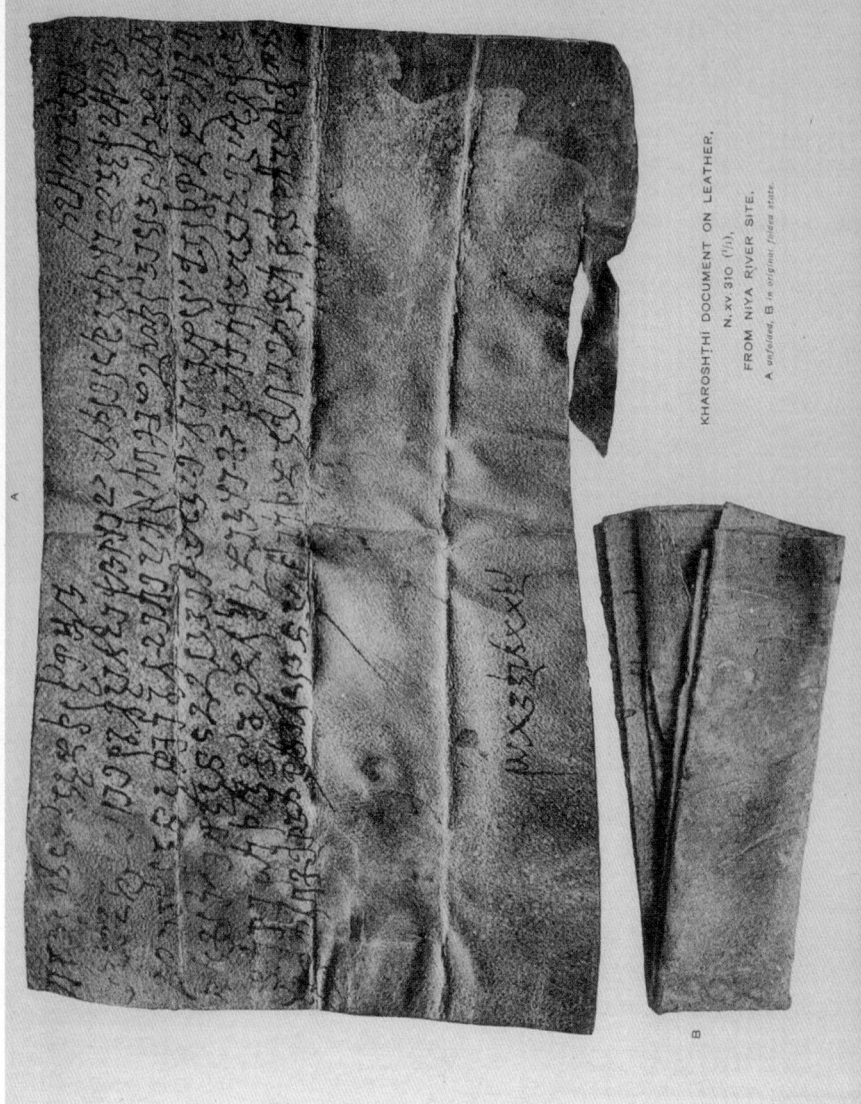

附图 11

尼雅河遗址的佉卢文皮革（N.xv.310）

A 展开（左）
B 初始折叠状态（右）

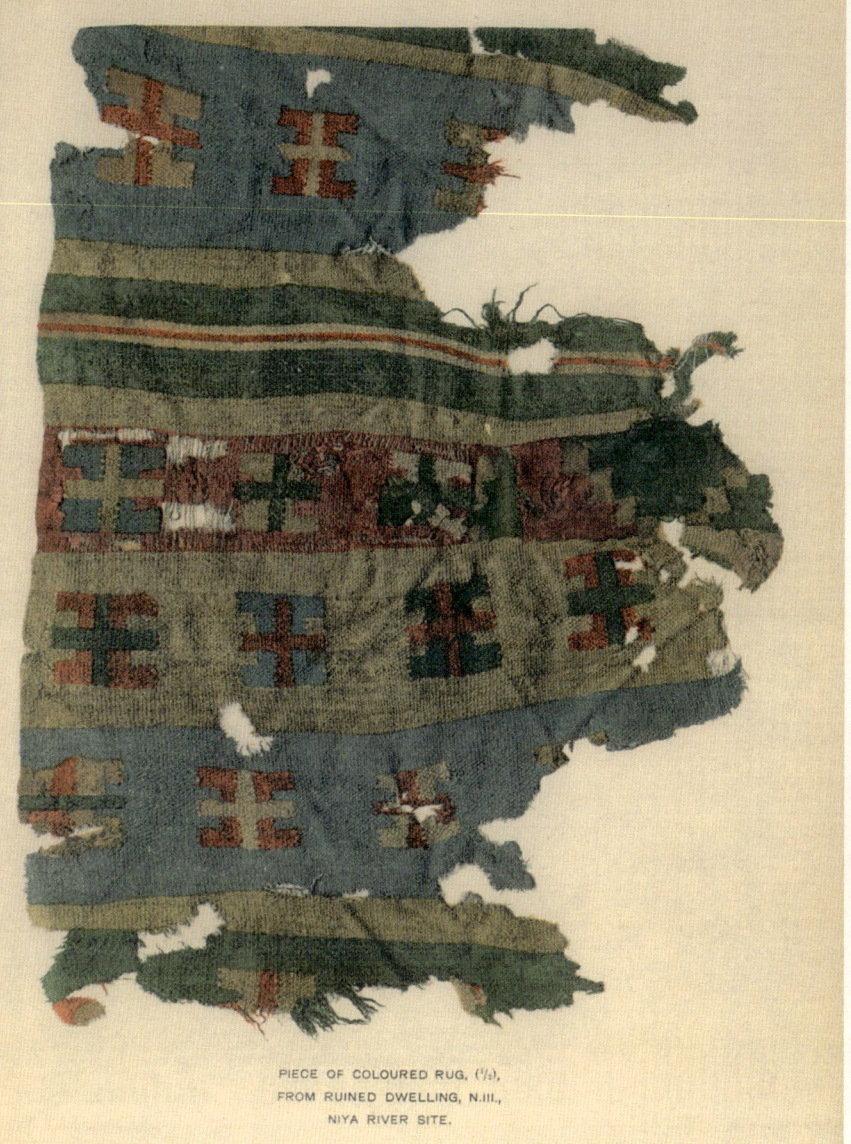

PIECE OF COLOURED RUG, (¹/₃), FROM RUINED DWELLING, N.III., NIYA RIVER SITE.

附图 12

彩色毛毡碎片
尼雅河居住区遗址 (N.iii.)

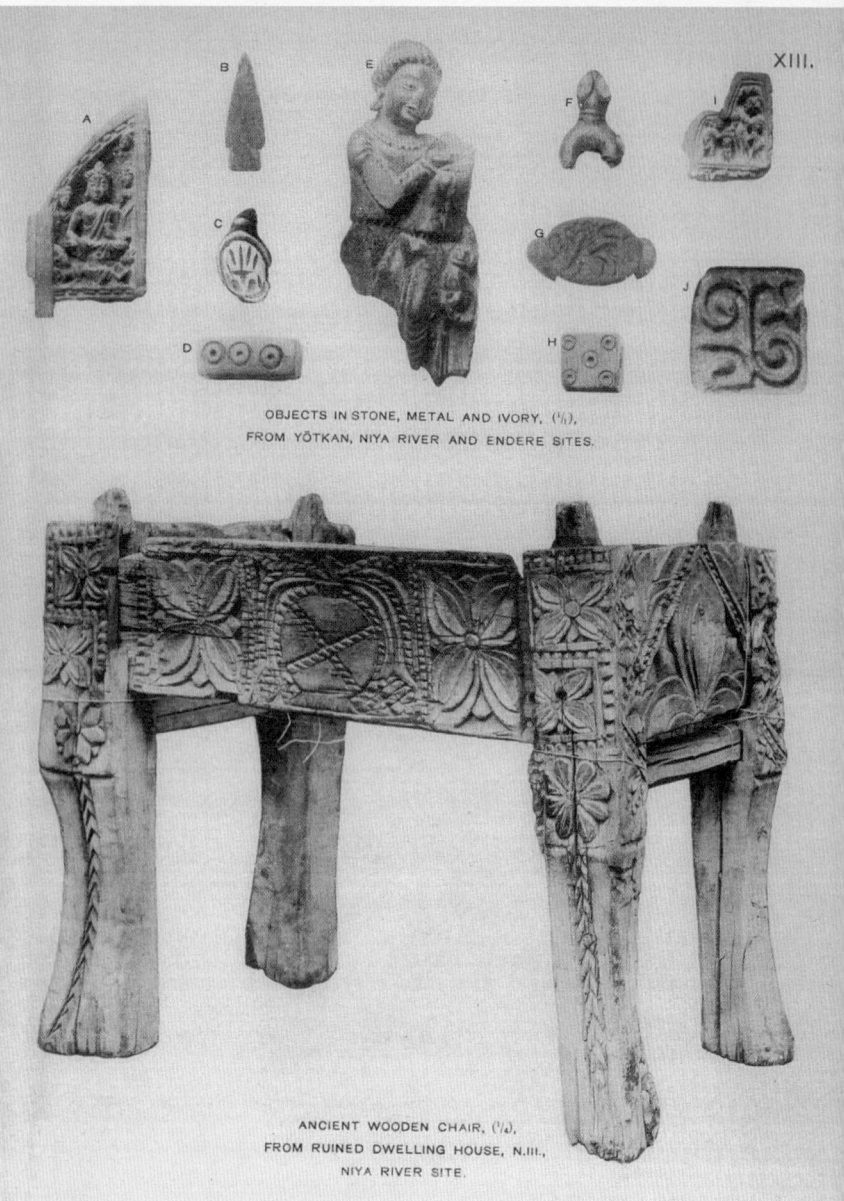

附图 13

石器、金属器具和象牙器具
约特干遗址、尼雅河遗址和安迪尔遗址（上）

古木椅
尼雅河居住区遗址（N.iii.）（下）

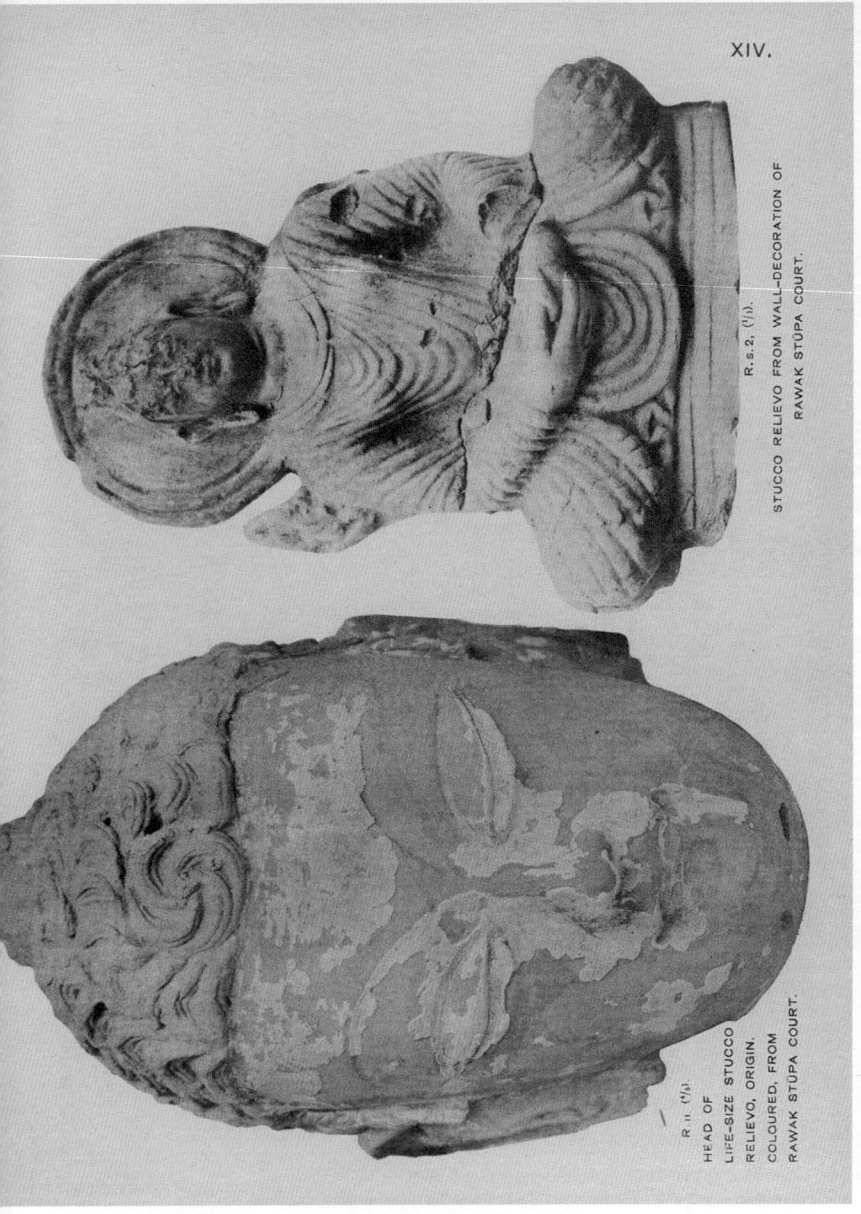

附图 14—1

墙壁装饰灰泥浮雕
热瓦克佛塔院遗址（上）
R.s.2

附图 14—2

真人尺寸灰泥浮雕头部原件，彩色
热瓦克佛塔院遗址（下）
R.ii.

附图 15

展开的中亚婆罗米文书页正面
安迪尔寺庙遗址纸卷轴
E.i.7

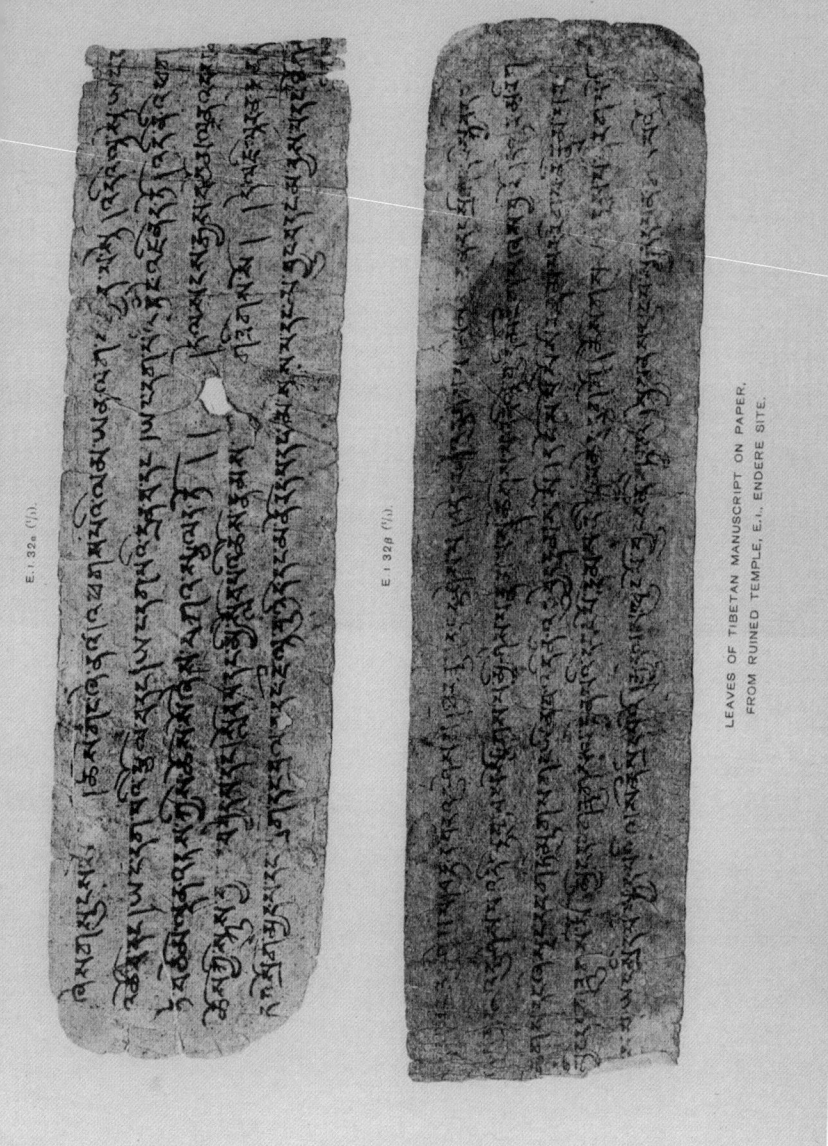

附图 16

纸质藏文抄本
安迪尔寺庙遗址
E.i.（左 E.i.32a，右 E.i.32b）